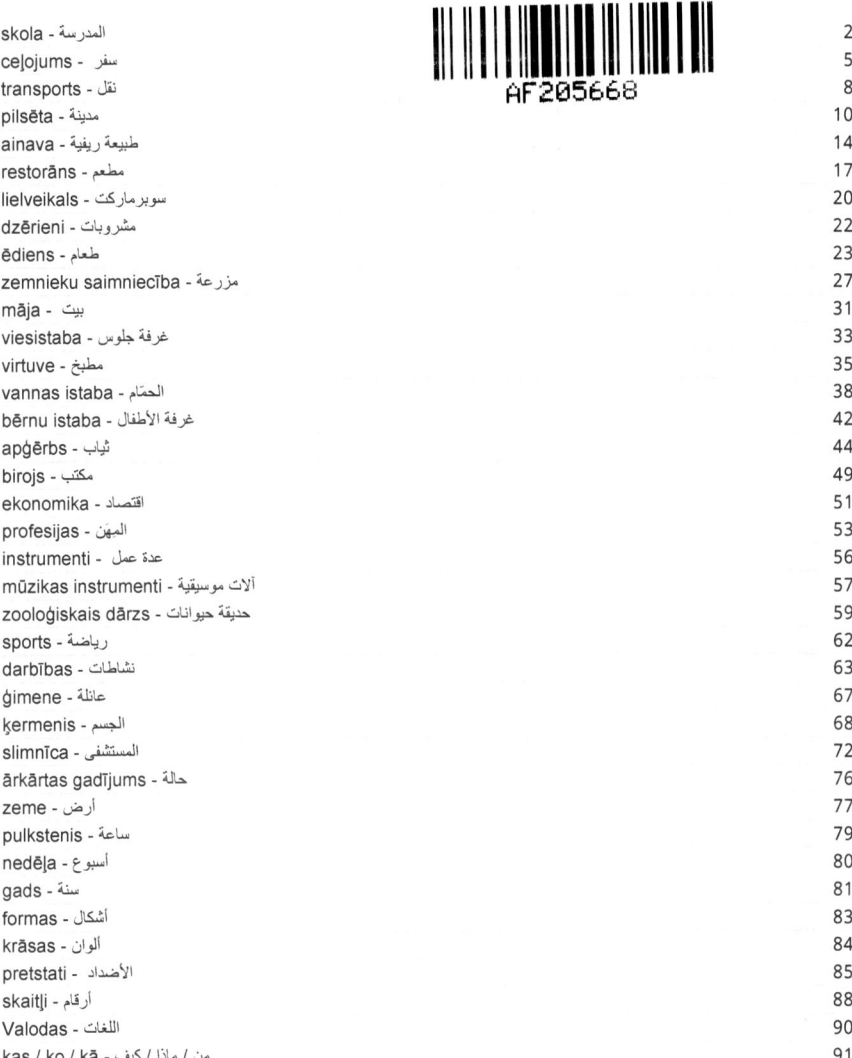

Impressum
Verlag: BABADADA GmbH, Nedderfeld 112 , 22529 Hamburg
Geschäftsführer / Verlagsleitung: Harald Hof
Druck: Books on Demand GmbH, In de Tarpen 42, 22848 Norderstedt

Imprint
Publisher: BABADADA GmbH, Nedderfeld 112 , 22529 Hamburg, Germany
Managing Director / Publishing direction: Harald Hof
Print: Books on Demand GmbH, In de Tarpen 42, 22848 Norderstedt, Germany

skola
المدرسة

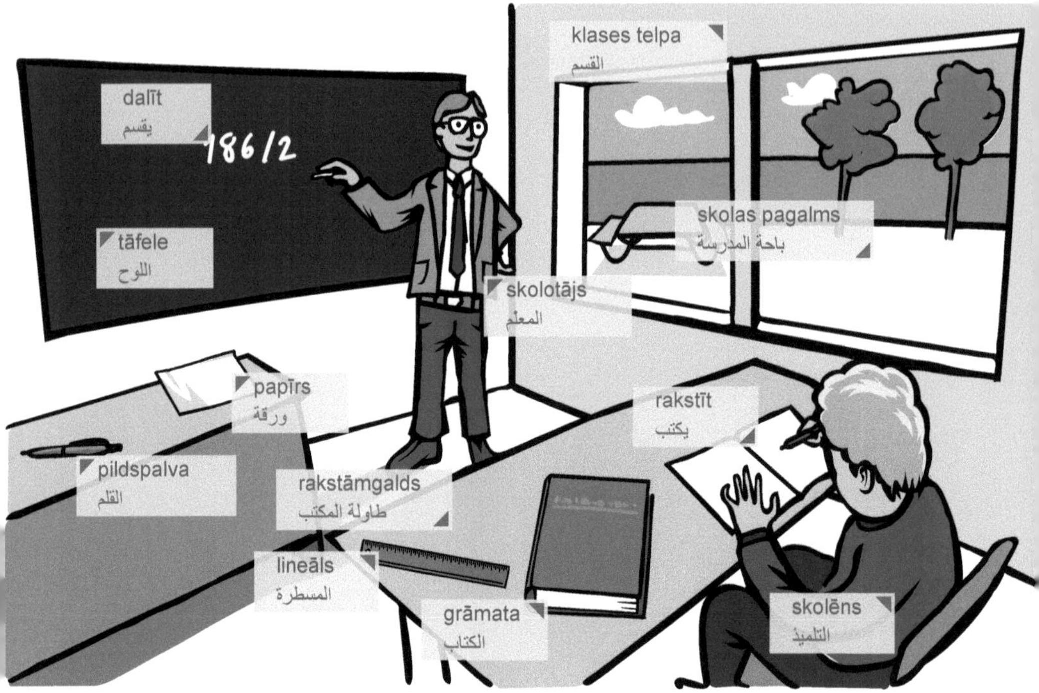
klases telpa
القسم
dalīt
يقسم
186/2
tāfele
اللوح
skolas pagalms
باحة المدرسة
skolotājs
المعلم
papīrs
ورقة
rakstīt
يكتب
pildspalva
القلم
rakstāmgalds
طاولة المكتب
lineāls
المسطرة
grāmata
الكتاب
skolēns
التلميذ

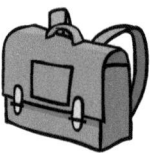

skolas soma
الحقيبة المدرسية

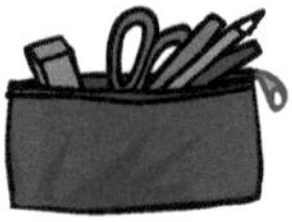

penālis
المقلمة

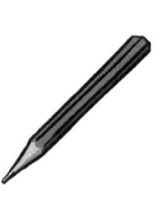

zīmulis
قلم الرصاص

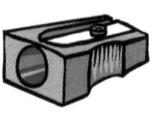

zīmuļu asināmais
البرّاية

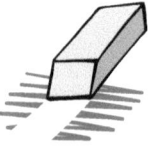

dzēšgumija
المِمحاة

zīmēšanas bloks
دفتر الرسم

zīmējums

الرسمة

ota

الفرشاة

krāsas

علبة التلوين

šķēres

المقص

līme

المادة اللاصقة

darba burtnīca

دفتر التمارين

mājas darbs

الواجب المدرسي

skaitlis

الرقم

saskaitīt

يجمع

atņemt

يطرح

reizināt

يضرب

rēķināt

يحسب

burts

الحرف

alfabēts

الأبجدية

vārds

كلمة

teksts

النص

lasīt

يقرأ

krīts

الطبشور

mācību stunda

الحصة

žurnāls

دفتر الدوام المدرسي

eksāmens

الامتحان

liecība

شهادة

skolas forma

اللباس المدرسي

izglītība

التعليم

enciklopēdija

الموسوعة

universitāte

الجامعة

mikroskops

المجهر

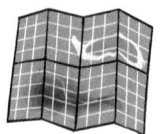

karte

الخريطة

papīrgrozs

قماما

ceļojums

سفر

viesnīca
فندق
Grand
hostelis
بيت الشباب
ROOMS
valūtas maiņas punkts
مكتب صرافة
čemodāns
حقيبة
automašīna
سيارة

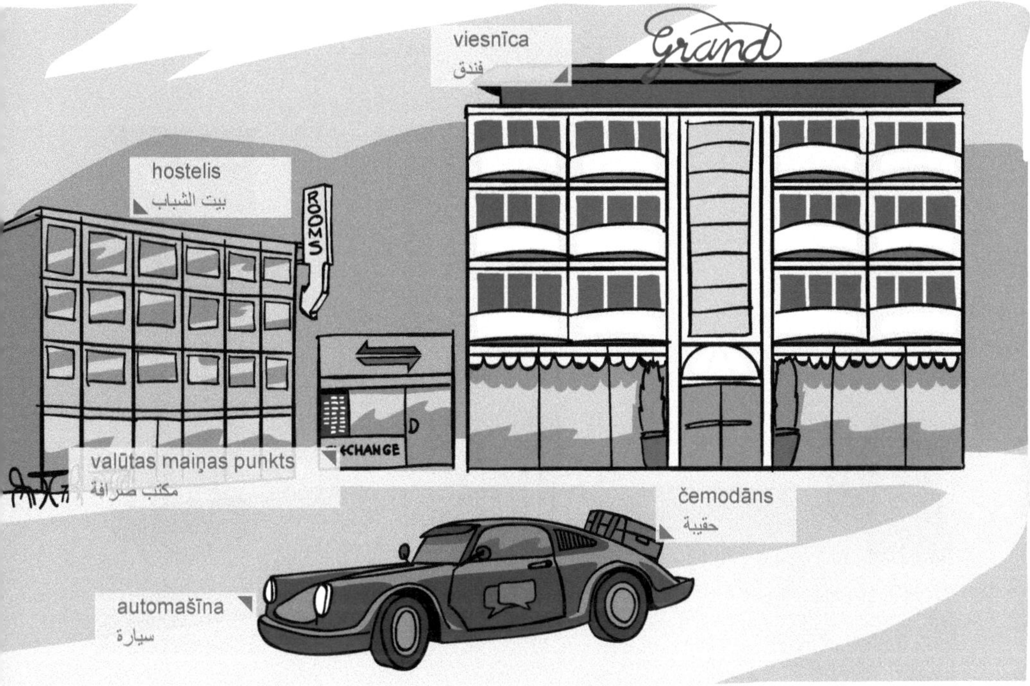

Valoda

اللغة

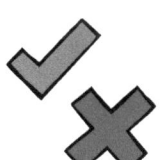

jā / nē

نعم / لا

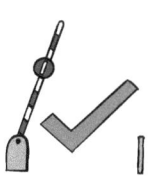

Okay

حسناً

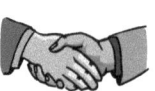

Sveiki!

مرحباً

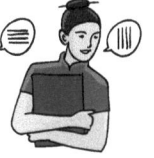

tulks

مترجم

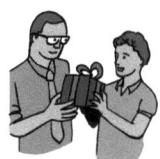

paldies

شكراً

Cik maksā…?

كم ثمن … ؟

Es nesaprotu

لا أفهم

problēma

مشكلة

Labvakar!

مساء الخير

Labrīt!

صباح الخير!

Ar labu nakti!

ليلة سعيدة

Uz redzēšanos

إلى اللقاء

virziens

اتجاه

bagāža

أمتعة السفر

soma

حقيبة

mugursoma

حقيبة ظهر

viesis

ضيف

istaba

غرفة

guļammaiss

كيس للنوم

telts

خيمة

tūrisma informācija

استعلامات سياحية

pludmale

شاطئ

kredītkarte

بطاقة ائتمان

brokastis

إفطار

pusdienas

طعام الغداء

vakariņas

العشاء

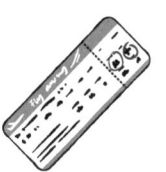

biļete

بطاقة سفر

lifts

مصعد

pastmarka

طابع بريدي

robeža

حدود

muita

الجمارك

vēstniecība

سفارة

vīza

تأشيرة

pase

جواز سفر

transports
نقل

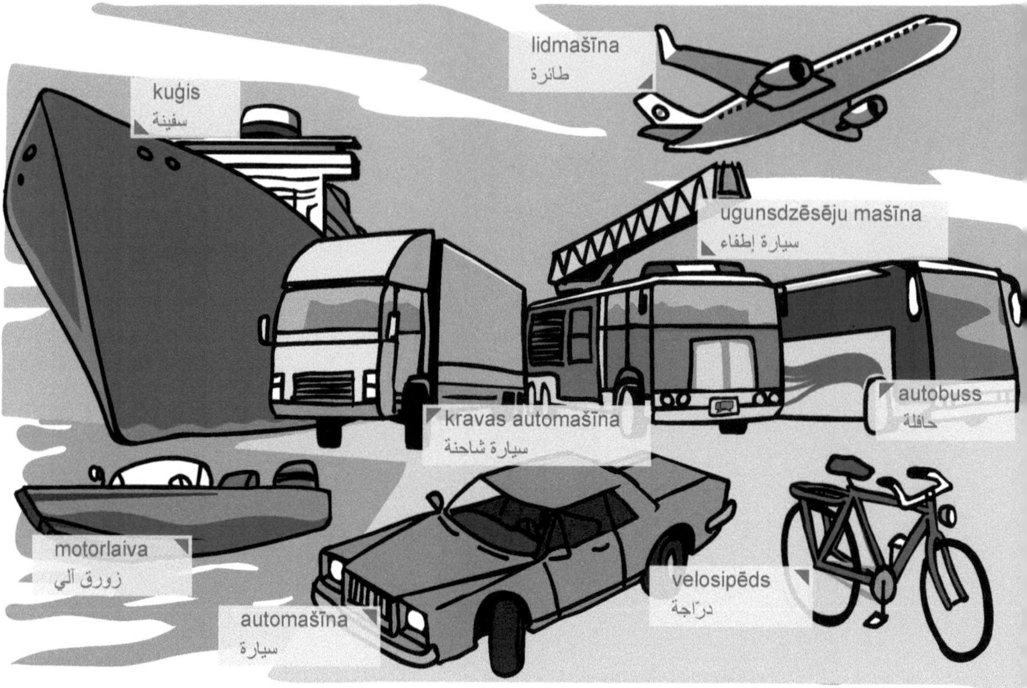
lidmašīna
طائرة
kuģis
سفينة
ugunsdzēsēju mašīna
سيارة إطفاء
autobuss
حافلة
kravas automašīna
سيارة شاحنة
motorlaiva
زورق آلي
velosipēds
درّاجة
automašīna
سيارة

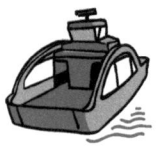

prāmis
عبارة

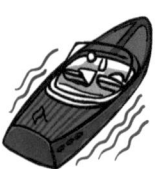

laiva
قارب

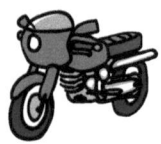

motocikls
دراجة نارية

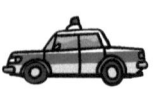

policijas automašīna
سيارة شرطة

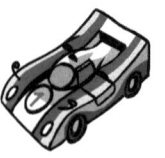

sacīkšu automobilis
سيارة سباق

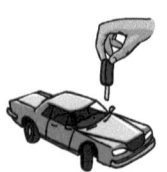

nomas auto
سيارة مستأجرة

auto koplietošana

أسلوب تشاركي في استئجار السيارات

evakuators

سيارة للجر

atkritumu mašīna

سيارة نقل القمامة

dzinējs

محرك

benzīns

وقود

degvielas uzpildes stacija

محطة وقود

ceļa zīme

إشارة مرور

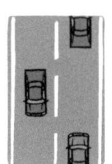

satiksme

حركة السير

sastrēgums

ازدحام سير

stāvvieta

موقف سيارات

dzelzceļa stacija

محطة قطار

sliedes

سكك حديدية

vilciens

قطار

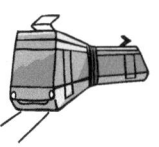

tramvajs

ترام

vagons

عربة قطار

helikopters

طائرة مروحية

lidosta

مطار

tornis

برج

pasažieris

مسافر

konteiners

حاوية

kaste

علبة كرتون

ratiņi

عربة يد

grozs

سلة

pacelties / nosēsties

يقلع / يهبط

pilsēta

مدينة

ciems

قرية

pilsētas centrs

مركز المدينة

māja

بيت

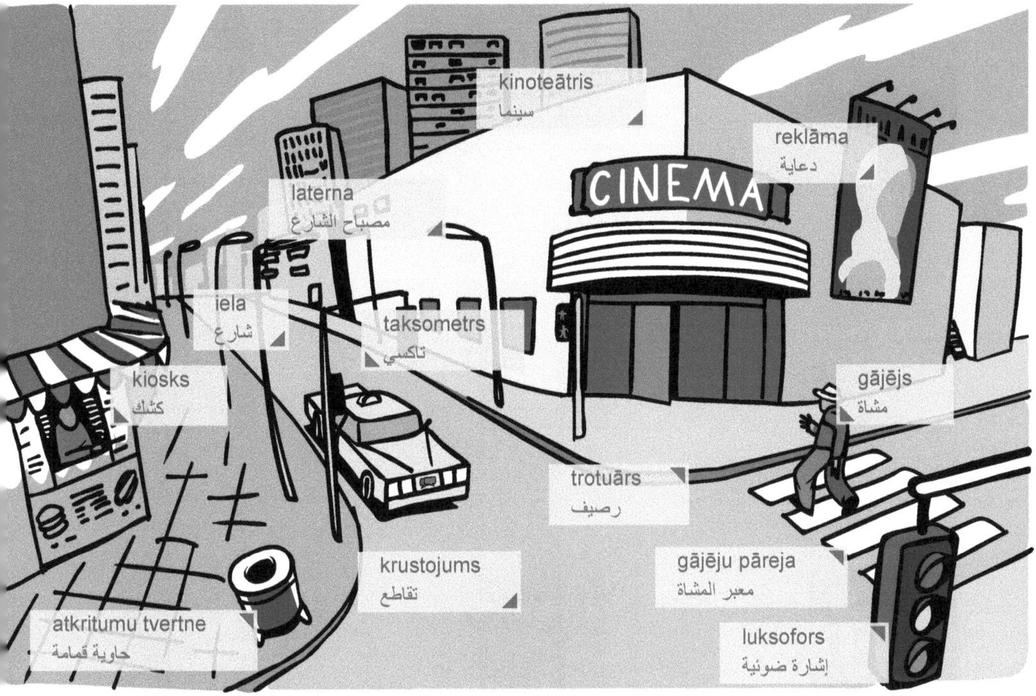

kinoteātris
سينما
CINEMA
reklāma
دعاية
laterna
مصباح الشارع
iela
شارع
taksometrs
تاكسي
kiosks
كشك
gājējs
مشاة
trotuārs
رصيف
krustojums
تقاطع
gājēju pāreja
معبر المشاة
atkritumu tvertne
حاوية قمامة
luksofors
إشارة ضوئية

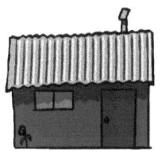

būda

كوخ

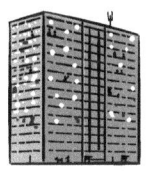

dzīvoklis

شقة

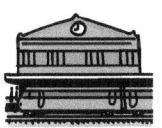

dzelzceļa stacija

محطة قطار

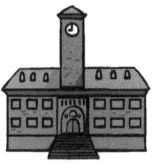

rātsnams

دار البلدية

MUSEUM

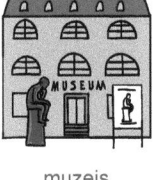

muzejs

متحف

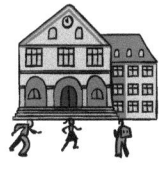

skola

المدرسة

universitāte

الجامعة

banka

مصرف

slimnīca

المستشفى

viesnīca

فندق

aptieka

صيدلية

birojs

مكتب

grāmatnīca

مكتبة

veikals

متجر

ziedu veikals

محل لبيع الزهور

lielveikals

سوبرماركت

tirgus

سوق

tirdzniecības centrs

متجر كبير

zivju tirgotājs

تاجر السمك

tirdzniecības centrs

مركز تسوّق

osta

ميناء

parks

حديقة عامة

sols

مقعد

tilts

جسر

kāpnes

درج، سلم

metro

مترو

tunelis

نفق

autobusa pieturvieta

موقف حافلات

bārs

بار

restorāns

مطعم

pastkastīte

صندوق البريد

ielas nosaukuma plāksne

لافتة باسم الشارع

stāvlaika skaitītājs

مقياس زمن الوقوف

zooloģiskais dārzs

حديقة حيوانات

peldbaseins

مسبح

mošeja

مسجد

zemnieku saimniecība

مزرعة

vides piesārņojums

تلوث البيئة

kapsēta

مقبرة

baznīca

كنيسة

spēļu laukums

ملعب الأطفال

templis

معبد

ainava

طبيعة ريفية

lapa
ورقة

ceļrādis
علامة إرشاد

ceļš
طريق

pļava
مرج

akmens
حجر

ceļotājs
رحالة

koks
شجرة

upe
نهر

zāle
عشب

puķe
زهرة

ieleja

وادٍ

kalns

جبل

ezers

بحيرة

mežs

غابة

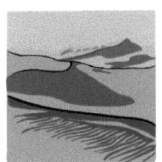

tuksnesis

صحراء

vulkāns

بركان

pils

قلعة

varavīksne

قوس قزح

sēne

فِطر

palma

نخلة

moskīts

بعوض

muša

ذُبابة

skudra

نملة

bite

نحلة

zirneklis

عنكبوت

vabole

خنفساء

varde

ضفدعة

vāvere

سنجاب

ezis

قنفذ

zaķis

أرنب

pūce

بومة

putns

عصفور

gulbis

بجعة

meža cūka

خنزير برّي

briedis

غزال

alnis

إلكة

aizsprosts

سد

vēja ģenerators

دولاب الطاحونة الهوائية

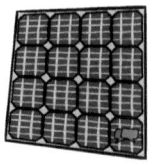

saules baterija

خلية شمسية

klimats

مناخ

restorāns

مطعم

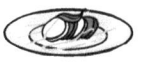

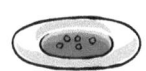

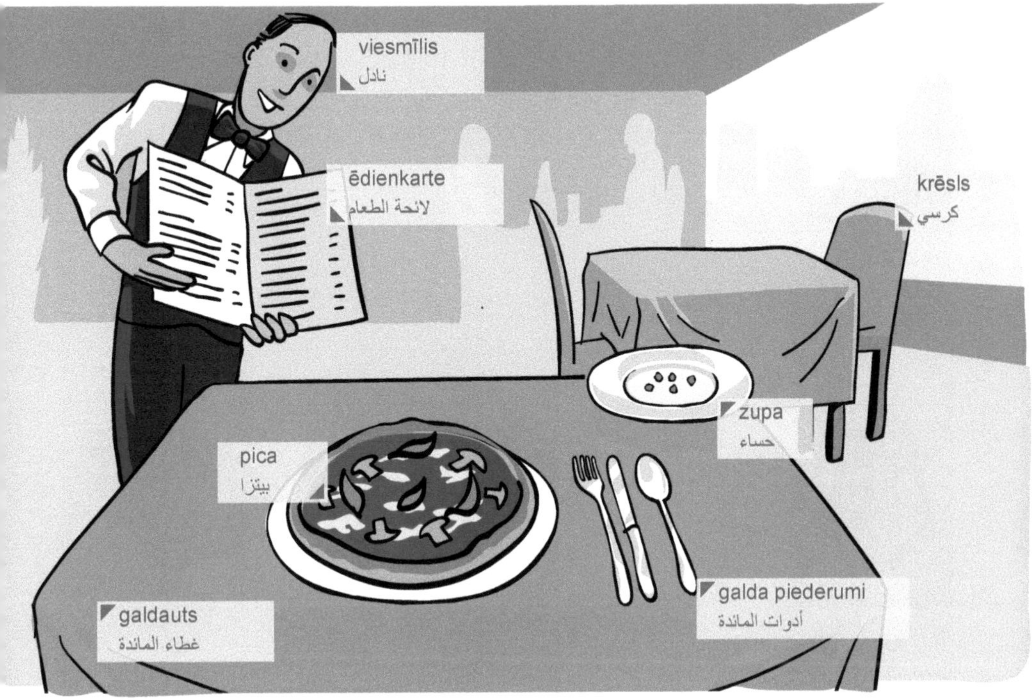
viesmīlis
نادل
ēdienkarte
لائحة الطعام
krēsls
كرسي
zupa
حساء
pica
بيتزا
galdauts
غطاء المائدة
galda piederumi
أدوات المائدة

uzkoda

مقبلات

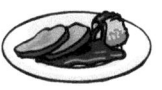

pamatēdiens

الصحن الرئيسي

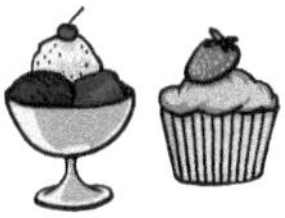

deserts

حلوى أو فاكهة بعد الطعام

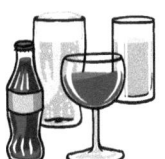

dzērieni

مشروبات

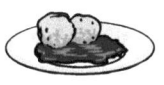

ēdiens

طعام

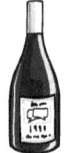

pudele

زجاجة

ātrās uzkodas

وجبات سريعة

ielu uzkodas

طعام الشارع

tējkanna

إبريق الشاي

cukurtrauks

علبة السكر

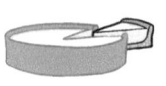

porcija

حصّة

espresso kafijas automāts

آلة الإسبريسو

bāra krēsls

كرسي عالٍ

rēķins

فاتورة

paplāte

صينية

nazis

سكين

dakša

شوكة

karote

ملعقة

tējkarote

ملعقة الشاي

salvete

منديل المائدة

glāze

كأس

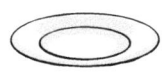

šķīvis

صحن

zupas šķīvis

صحن الحساء

apakštase

صحن الفنجان

mērce

صلصة

sāls trauciņš

مملحة

piparu dzirnaviņas

مطحنة الفلفل

etiķis

خلّ

eļļa

زيت الطعام

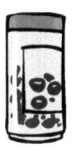

garšvielas

توابل

kečups

كتشاب

sinepes

خردل

majonēze

مايونيز

lielveikals
سوبرماركت

piedāvājums
عرض خاص
FOR
klients
زبون
piena produkti
مشتقات الحليب
augļi
فواكه
iepirkumu ratiņi
عربة تَسوق

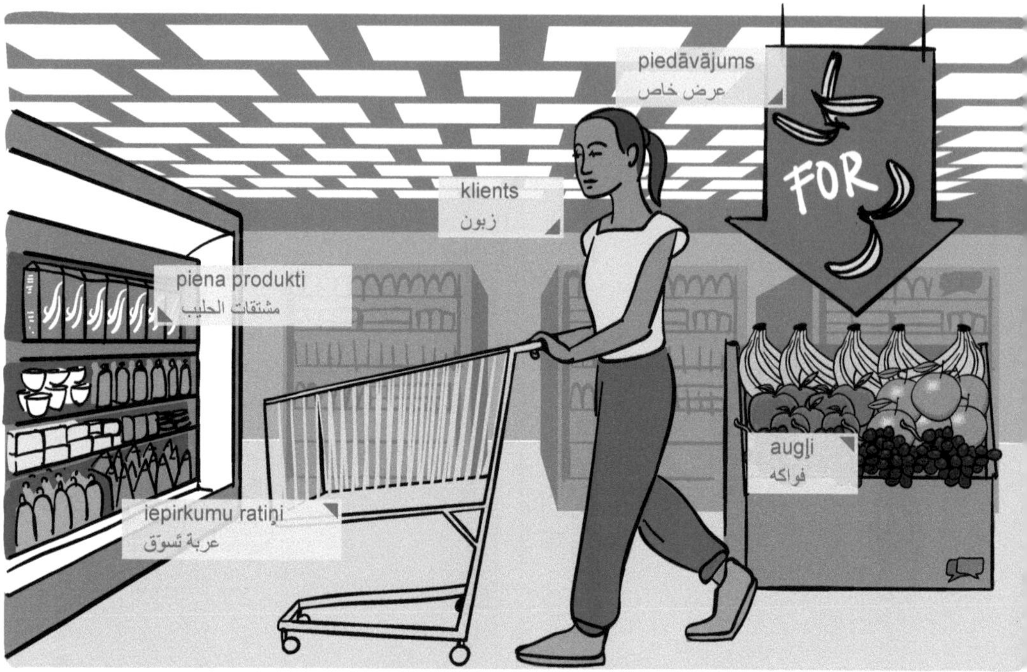

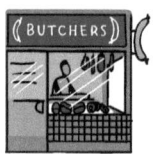

BUTCHERS

kautuve
جزّار

BAKERY

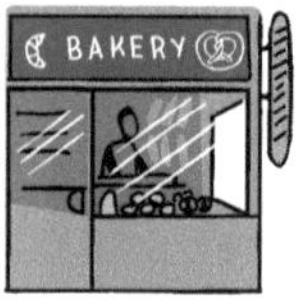

maizes veikals
مخبز

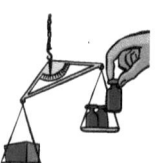

svērt
يزن

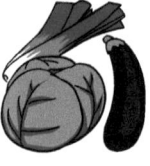

dārzeņi
خضار

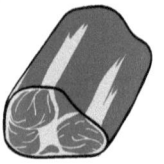

gaļa
لحم

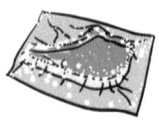

saldēti produkti
المأكولات المجمّدة

aukstās gaļas uzkodas

مرتدلا أو جبن

konservi

معلبات

pulveris

مسحوق الغسيل

saldumi

حلويات

mājsaimniecības preces

المواد المنزلية

tīrīšanas līdzeklis

منظفات

pārdevēja

بائعة

kase

صندوق الحساب

kasieris

أمين صندوق

iepirkumu saraksts

قائمة المشتريات

darba laiks

أوقات العمل

maks

محفظة النقود

kredītkarte

بطاقة ائتمان

soma

حقيبة

maisiņš

كيس بلاستيكي

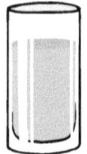

ūdens

ماء

sula

عصير

piens

حليب

kola

كولا

vīns

نبيذ

alus

بيرة

alkohols

كحول

kakao

كاكاو

tēja

شاي

kafija

قهوة

espresso

قهوة إسبريسو

kapučīno

كابوتشينو

banāns

موزة

ābols

تفاح

apelsīns

برتقال

melone

بطيخ

citrons

ليمون

burkāns

جزرة

ķiploks

ثوم

bambuss

خيزران

sīpols

بصل

sēne

فطر

rieksti

لوزيات

makaroni

شعيرية

spageti

سباغيتي

rīsi

أرزّ

salāti

سلطة

frī kartupeļi

بطاطا مقلية

cepti kartupeļi

بطاطا مقلية

pica

بيتزا

hamburgers

هامبورغر

sviestmaize

ساندويش

šnicele

شريحة لحم مقلية

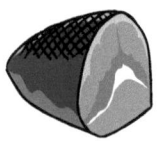

šķiņķis

لحم خنزير

salami

سلامي

desa

سجق

vista

دجاج

cepetis

لحم محمر

zivs

سمك

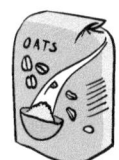

auzu pārslas

دقيق الشوفان

muslis

موسلي

brokastu pārslas

كورن فلكس

milti

طحين

radziņš

كرواسان

brokastu maizītes

خبز صغير

maize

خبز

tostermaize

خبز محمص

cepumi

بسكويت

sviests

زبدة

biezpiens

لبن زبادي

kūka

كعكة

ola

بيضة

cepta ola

بيض مقلي

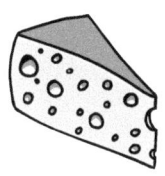

siers

جبنة

saldējums

مثلجات

cukurs

سكر

medus

عسل

marmelāde

مربّى الفاكهة

riekstu krēms

كريم النوغا

karijs

الكاري

zemnieku saimniecība
مزرعة

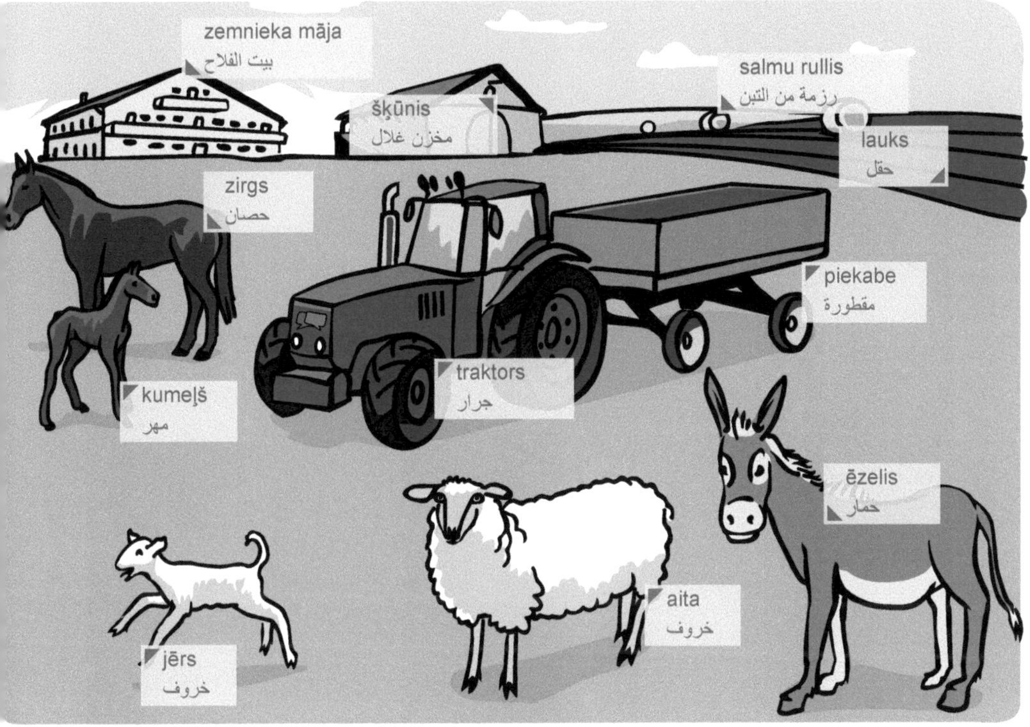

zemnieka māja
بيت الفلاح
šķūnis
مخزن غلال
salmu rullis
رزمة من التبن
lauks
حقل
zirgs
حصان
piekabe
مقطورة
traktors
جرار
kumeļš
مهر
ēzelis
حمار
aita
خروف
jērs
خروف

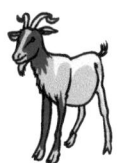

kaza
ماعز

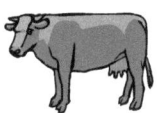

govs
بقرة

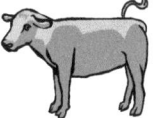

teļš
عجل

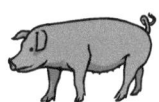

cūka
خنزير

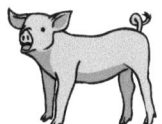

sivēns
خنزير صغير

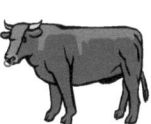

bullis
ثور

zoss

إوزّة

pīle

بطة

cālis

صوص

vista

دجاجة

gailis

ديك

žurka

جرذ

kaķis

قطّة

pele

فأر

vērsis

ثور

suns

كلب

suņa būda

كوخ الكلب

dārza šļūtene

خرطوم الحديقة

lejkanna

إبريق

izkapts

منجل

arkls

المحراث

sirpis

منجل

kaplis

معزقة

mēslu dakša

مذراة الزبل

cirvis

بلطة

ķerra

عربة يد

sile

معلف

piena kanna

صفيحة الحليب

maiss

كيس

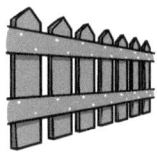

žogs

سياج

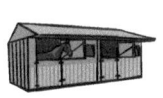

kūts

اصطبل

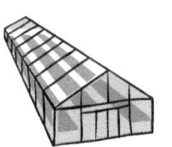

siltumnīca

دفينة

augsne

تربة

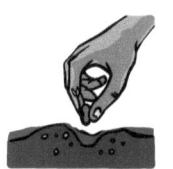

sēklas

بذور

mēslojums

سماد

kombains

حصّادة درّاسة

novākt ražu

يحصد

raža

محصول

jamss

بطاطا يامس

kvieši

قمح

soja

صويا

kartupelis

بطاطا

kukurūza

ذرة

rapsis

سلجم

augļu koks

شجرة فاكهة

manioka

نبات منيهوت

labība

الحبوب

māja
بيت

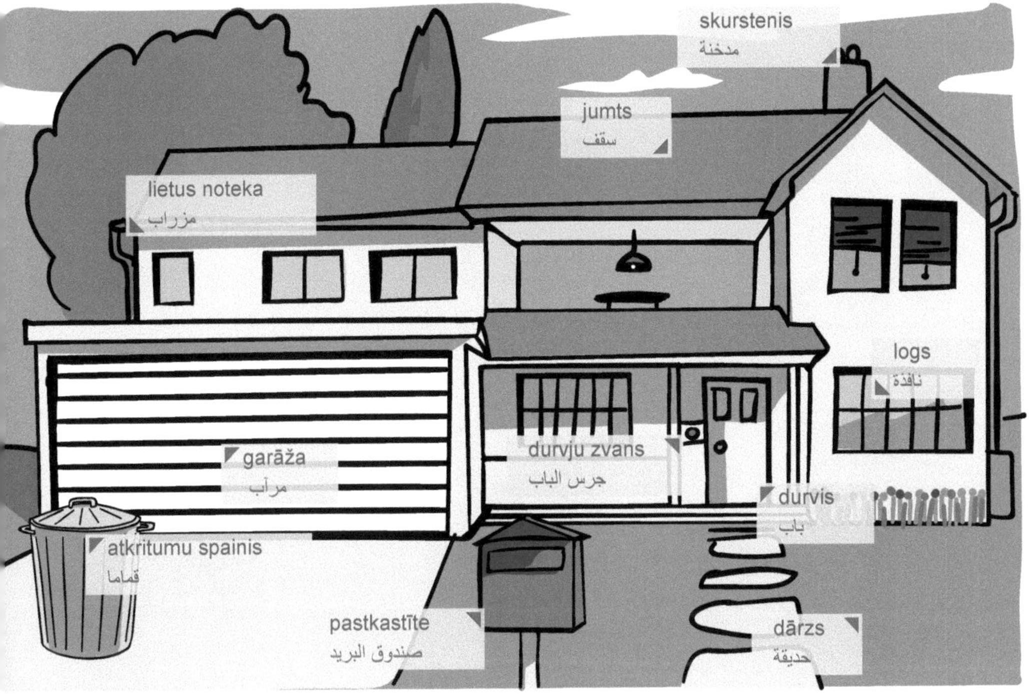

skurstenis
مدخنة
jumts
سقف
lietus noteka
مزراب
logs
نافذة
garāža
مرآب
durvju zvans
جرس الباب
durvis
باب
atkritumu spainis
قماما
pastkastīte
صندوق البريد
dārzs
حديقة

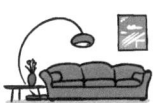

viesistaba
غرفة جلوس

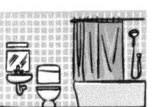

vannas istaba
الحمّام

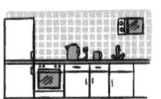

virtuve
مطبخ

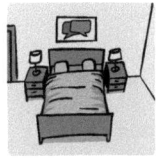

guļamistaba
غرفة النوم

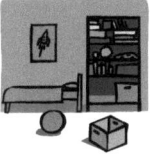

bērnu istaba
غرفة الأطفال

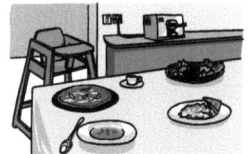

ēdamistaba
غرفة الطعام

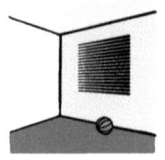

grīda

أرضية

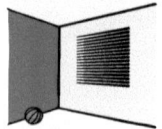

siena

حائط

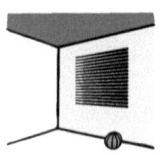

griesti

سقف

pagrabs

قبو

sauna

ساونا

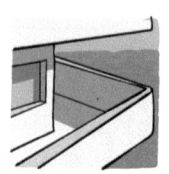

balkons

بلكون

terase

شرفة

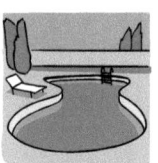

baseins

مسبح

zāles pļāvējs

جزّازة العشب

gultas veļa

بياضات السرير

sega

بطانية

gulta

سرير

slota

مكنسة

spainis

سطل

slēdzis

مفتاح كهربائي

viesistaba
غرفة جلوس

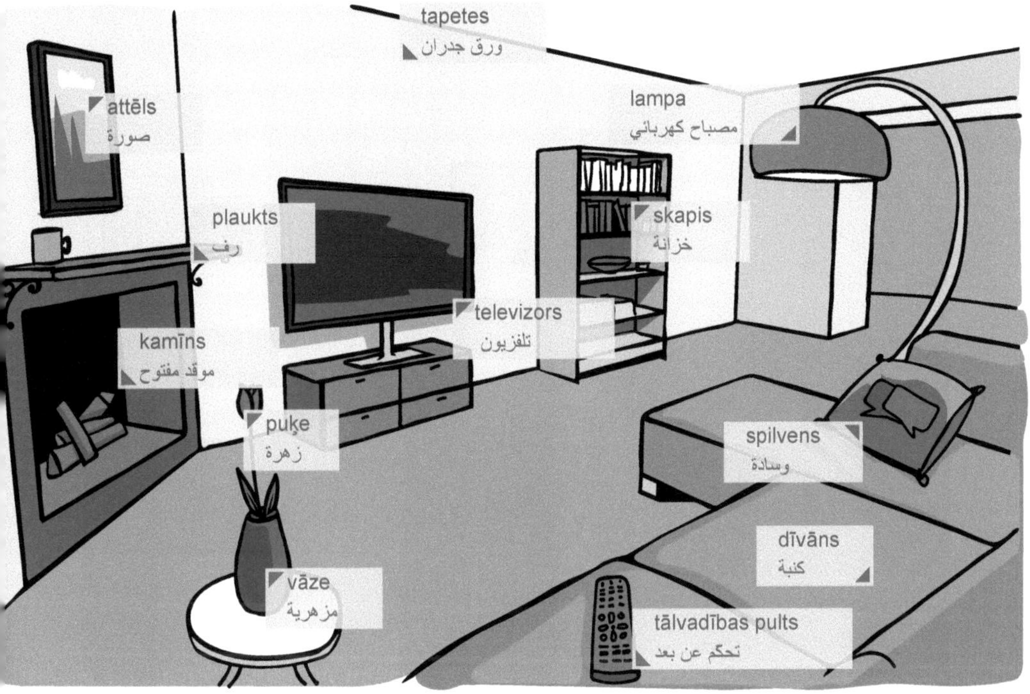
tapetes
ورق جدران
attēls
صورة
lampa
مصباح كهربائي
plaukts
رف
skapis
خزانة
televizors
تلفزيون
kamīns
موقد مفتوح
puķe
زهرة
spilvens
وسادة
dīvāns
كنبة
vāze
مزهرية
tālvadības pults
تحكم عن بعد

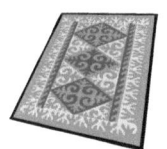

paklājs
بصاط

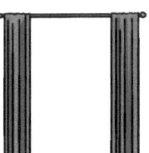

aizkars
ستارة

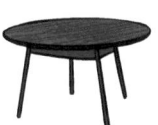

galds
طاولة

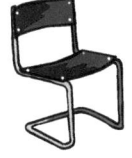

krēsls
كرسي

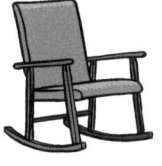

šūpuļkrēsls
كرسي هزّاز

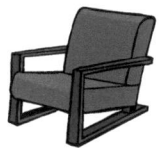

atpūtas krēsls
كرسي ذو ذراعين

grāmata

الكتاب

sega

بطانية

dekorācija

زخرفة

malka

الحطب

filma

فيلم

mūzikas centrs

تجهيزات ستيريو

atslēga

مفتاح

avīze

جريدة

glezna

لوحة مرسومة

plakāts

مُلصق

radio

راديو

pierakstu blociņš

دفتر ملاحظات

putekļu sūcējs

المكنسة الكهربائية

kaktuss

صبّار

svece

شمعة

virtuve
مطبخ

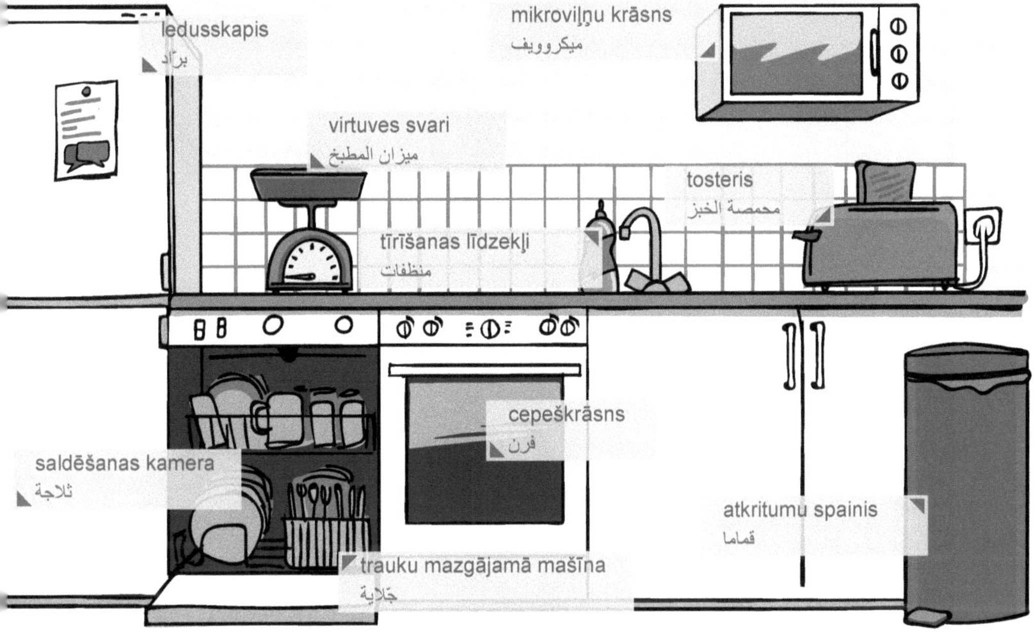
ledusskapis
برّاد
mikroviļņu krāsns
ميكروويف
virtuves svari
ميزان المطبخ
tosteris
محمصة الخبز
tīrīšanas līdzekļi
منظفات
cepeškrāsns
فرن
saldēšanas kamera
ثلاجة
atkritumu spainis
قمامة
trauku mazgājamā mašīna
جَلاية

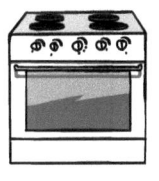

plīts

موقد

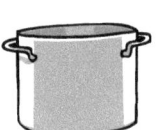

pods

قِدر

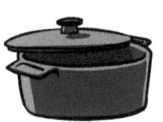

katls

وعاء من الحديد

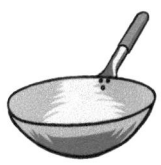

Wok panna

قدر صيني

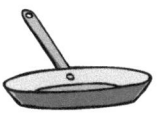

panna

مقلاة

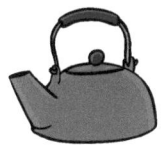

elektriskā tējkanna

غلاية

tvaika katls

قدر البخار

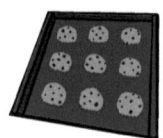

cepešpanna

صينية

trauki

أواني

krūze

فنجان

bļoda

صحن

irbulīši

عيدان الأكل

kauss

مغرفة

lāpstiņa

ملعقة منبسطة

putošanas slotiņa

خفاقة

sietiņš

مصفاة

siets

مصفاة

rīve

مبشرة

piesta

هاون

grilēt

شواء

atklāts pavards

موقد

dēlis

لوح التقطيع

mīklas rullis

نشابة

korķu vilķis

مفتاح الزجاجات

bundža

علبة

konservu nazis

مفتاح العلب المعدنية

virtuves cimdi

قماش الفرن

izlietne

مجلى

birste

فرشاة

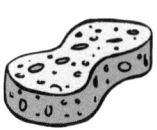

sūklis

إسفنج

mikseris

خلاط

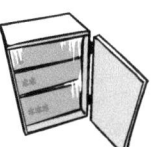

saldētava

مجمّدة

bērna pudelīte

زجاجة الطفل

ūdenskrāns

صنبور الماء

vannas istaba

الحمّام

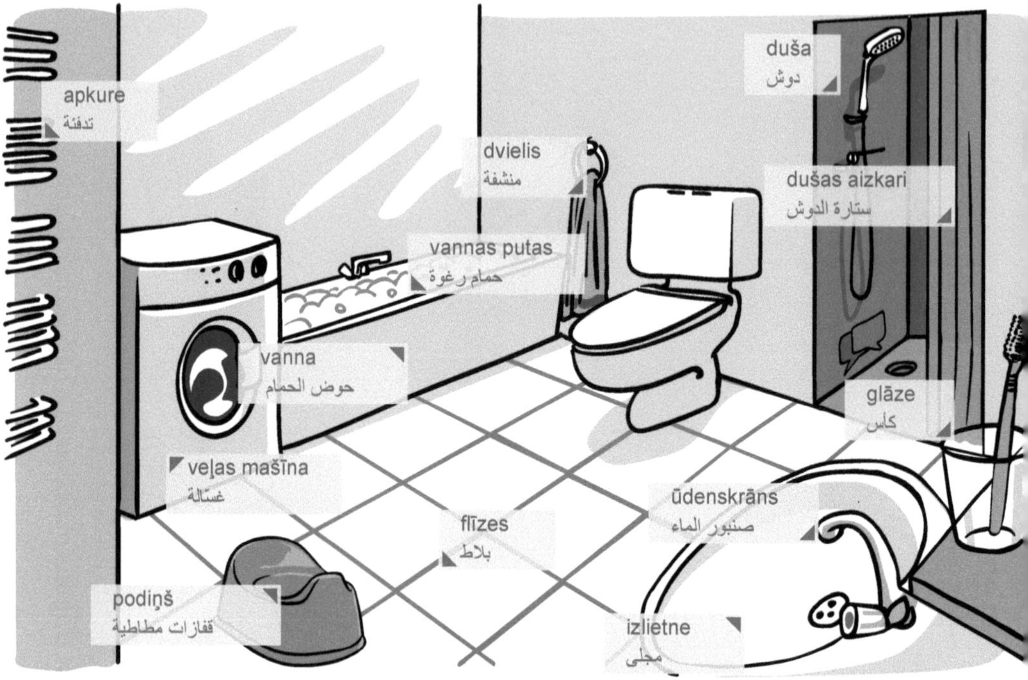

apkure
تدفئة
dvielis
منشفة
duša
دوش
dušas aizkari
ستارة الدوش
vannas putas
حمام رغوة
vanna
حوض الحمام
veļas mašīna
غسّالة
glāze
كأس
ūdenskrāns
صنبور الماء
flīzes
بلاط
podiņš
قفازات مطاطية
izlietne
مجلى

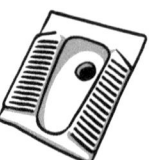

tualetes pods

حمام

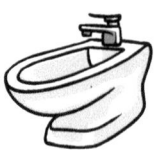

Āzijas tipa tualete

مرحاض القرفصاء

bidē

حوض التشطيف

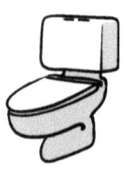

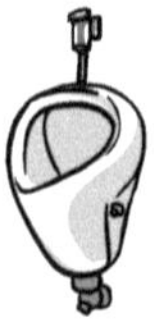

pisuārs

مبولة

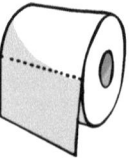

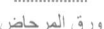

tualetes papīs

ورق المرحاض

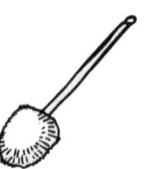

tualetes birste

فرشاة الحمام

zobu birste

فرشاة الأسنان

zobu pasta

معجون الأسنان

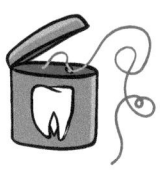

zobu diegs

خيط حرير لتنظيف الأسنان

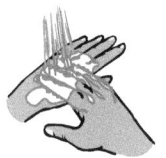

mazgāt

يغسل

rokas duša

رشاش ماء يدوي

duša

شطاف

bļoda

حوض الغسيل

muguras mazgāšanas birste

فرشاة الظهر

ziepes

صابون

dušas želeja

جيل الدوش

šampūns

شامبو

mazgāšanas drāna

ممسحة

noteka

مصرف للماء

krēms

مرهم

dezodorants

مزيل الروائح

spogulis

مرآة

spogulītis

مرآة يد

skuveklis

موس حلاقة

skūšanās putas

رغوة الحلاقة

losjons pēc skūšanās

كولونيا

ķemme

مشط

matu suka

فرشاة

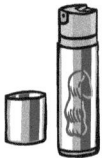

matu fēns

سشوار

matu laka

مثبت للشعر

grima komplekts

ماكياج

lūpu krāsa

روج

nagulaka

طلاء أظافر

vate

قطن

šķērītes

مقص أظافر

smaržas

عطر

kosmētikas maks

سلة الغسيل

ķeblītis

مقعد صغير

svari

ميزان

halāts

معطف الحمام

tīrīšanas cimdi

قفازات مطاطية

tampons

سدادة قطنية

pakete

منشفة صحية

ķīmiskā tualete

تواليت كيميائية

bērnu istaba

غرفة الأطفال

modinātājs
منبّه
mīkstā rotaļlieta
الحيوانات المحنطة
spēļu automašīna
سيارة لعبة
grabulis
خشخشة
leļļu māja
بيت الدمى
dāvana
هدية

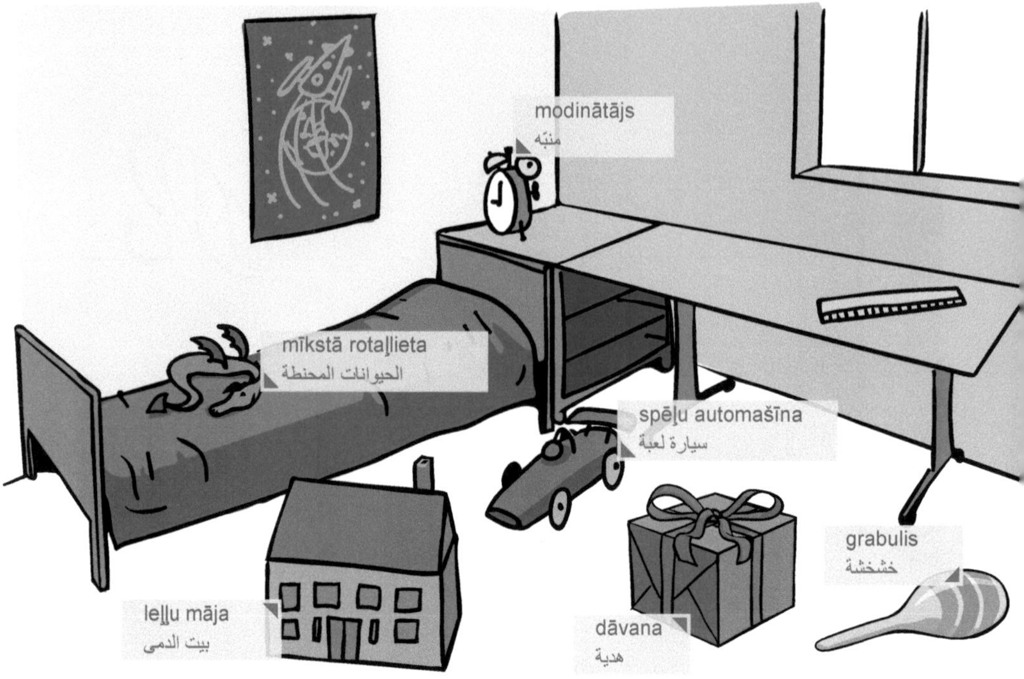

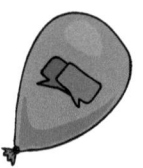

balons

بالون

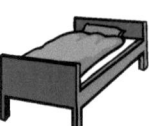

gulta

سرير

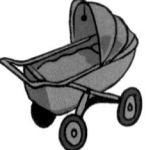

bērnu ratiņi

عربة الأطفال

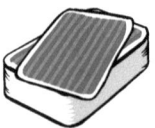

kārtis

لعبة الورق

puzle

أحجية

SUPER MEGA

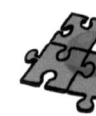

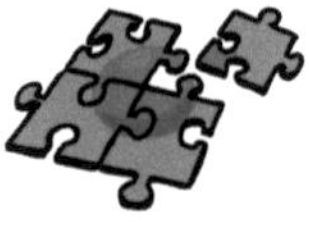

komikss

رسوم هزلية

LEGO klucīši

أحجار الليغو

klucīši

حجارة تركيب

varoņu figūra

دمية بطل

rāpulītis

لباس الطفل

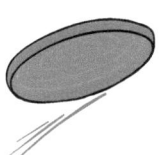

lidojošais šķīvītis

فريسبي

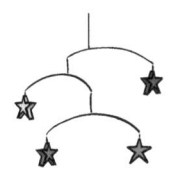

muzikālais karuselis

دمية معلقة

galda spēle

لعبة الطاولة

metamais kauliņš

لعبة النرد

rotaļu dzelzceļš

لعبة قطار

māneklis

مصّاصة

ballīte

حفلة

bilžu grāmata

كتاب مصوّر

bumba

كرة

lelle

دمية

spēlēt

يلعب

smilšu kaste

ملعب رملي للأطفال

šūpoles

أرجوحة

rotaļlietas

لعبة

spēļu konsole

ألعاب فيديو

trīsritenis

دراجة ثلاثية

plīša lācītis

دمية على شكل الدب

drēbju skapis

خزانة الثياب

apģērbs

ثياب

īszeķes

جوارب قصيرة

zeķes

جوارب طويلة

zeķbikses

جورب بنطلون

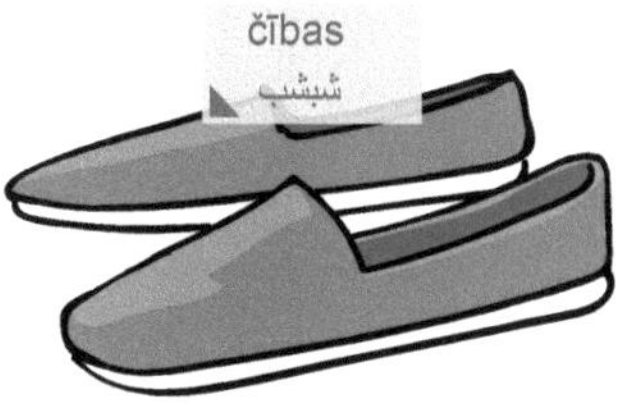

šalle
شال

lietussargs
شمسية

T-krekls
تي شيرت

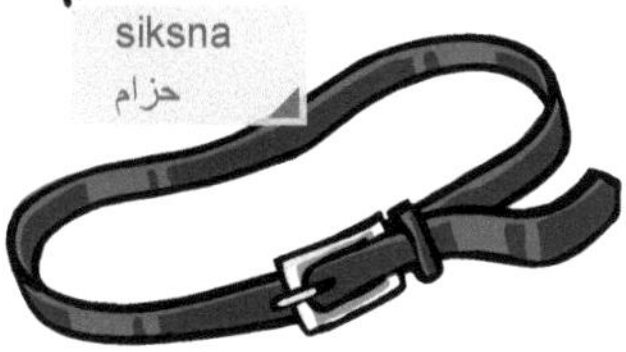

siksna
حزام

zābaks
حذاء شتوي

čības
شبشب

botas
أحذية رياضية

sandales
....
صندل

kurpes
....
حذاء

gumijas zābaki
....
جزمة كاوتشوك

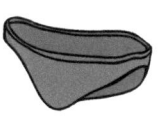

apakšbikses
....
سروال داخلي

krūšturis
....
صدّارة

apakškrekls
....
قميص داخلي

bodijs

لباس ملاصق للجسم

bikses

بنطلون

džinsi

جينز

svārki

تنورة

blūze

بلوزة

krekls

قميص

pulovers

سترة قطنية

džemperis

كنزة كم طويل

žakete

سترة قضفاضة

jaka

سترة

mētelis

معطف

lietus mētelis

معطف مطري

kostīms

زي – طقم نسائي

kleita

ثوب

kāzu kleita

ثوب الزفاف

uzvalks

طقم

naktskrekls

قميص نوم

pidžama

بيجاما

sari

ساري

lakats

حجاب

turbāns

عمامة

burka

برقع

kaftāns

قفطان

abaja

عباءة

peldkostīms

مايوه

peldbikses

سروال سباحة

šorti

شرت

treniņtērps

بدلة رياضية

priekšauts

مئزر

cimdi

قفازات

poga

زر

brilles

نظارة

rokassprādze

إسوارة

kaklarota

عقد

gredzens

خاتم

auskars

قرط

cepure

طاقيّة

drēbju pakaramais

علاقة ثياب

platmale

قبّعة

kaklasaite

ربطة العنق

rāvējslēdzējs

سحّاب

ķivere

خوذة

bikšturi

حمّالة البنطلون

skolas forma

اللباس المدرسي

uniforma

زي موحّد

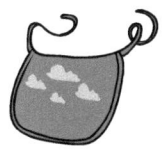

priekšautiņš

....

مريلة الأطفال

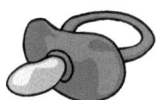

māneklis

....

مصّاصة

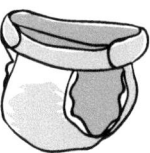

autiņbiksītes

....

لفافة

birojs

مكتب

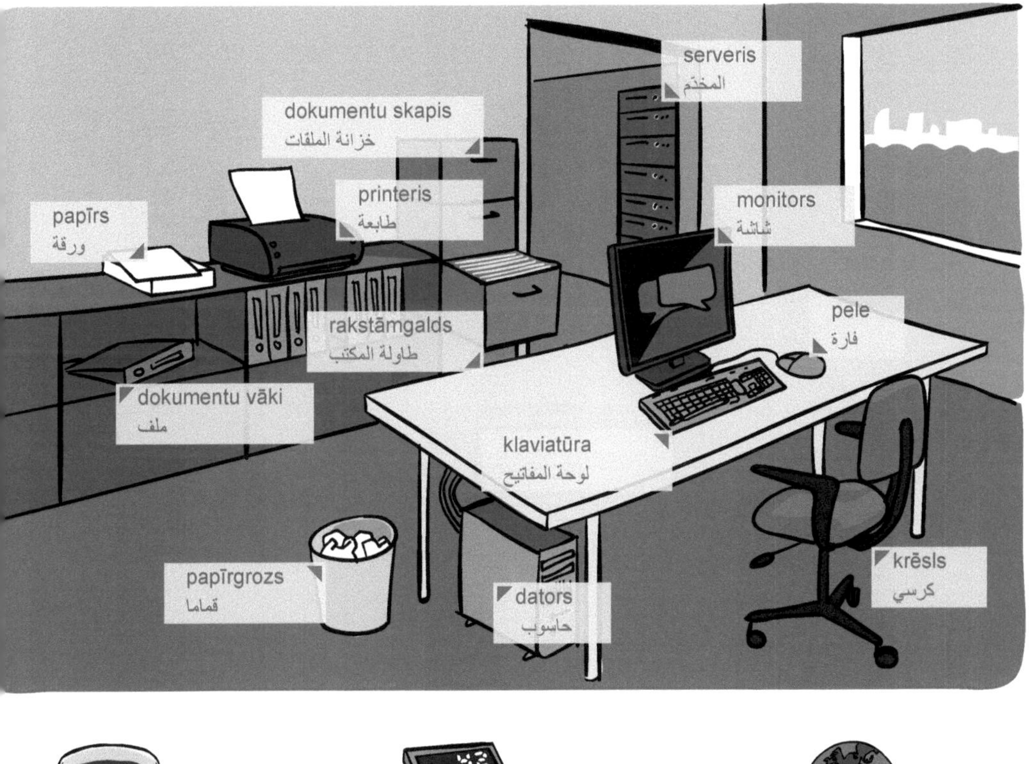
serveris
المخدّم
dokumentu skapis
خزانة الملفات
printeris
طابعة
papīrs
ورقة
monitors
شاشة
pele
فارة
rakstāmgalds
طاولة المكتب
dokumentu vāki
ملف
klaviatūra
لوحة المفاتيح
papīrgrozs
قماما
dators
حاسوب
krēsls
كرسي

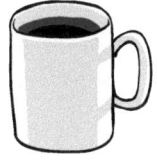

kafijas krūze

....

كأس من القهوة

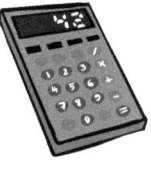

kalkulators

....

الآلة الحاسبة

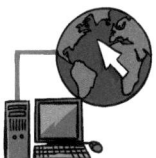

internets

....

الإنترنت

portatīvais dators

الحاسوب المحمول

vēstule

رسالة

ziņa

خبر

mobilais tālrunis

الهاتف المحمول

tīkls

شبكة

kopētājs

جهاز تصوير

programmatūra

البرمجيات

telefons

هاتف

rozete

مقبس كهربائي

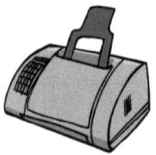

faksa aparāts

فاكس

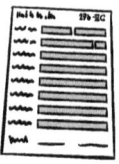

formulārs

استمارة

dokuments

وثيقة

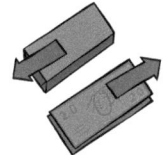

pirkt

يشتري

samaksāt

يدفع

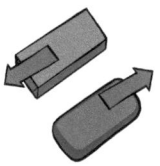

tirgot

يتاجر

nauda

مال

dolārs

دولار

eiro

يورو

jēna

ين

rublis

روبل

franks

فرنك سويسري

juaņa renminbi

يوان

rūpija

روبية

bankomāts

صراف آلي

valūtas maiņas punkts

مكتب صرافة

zelts

ذهب

sudrabs

فضة

nafta

نفط

enerģija

طاقة

cena

سعر

līgums

عقد

nodoklis

ضريبة

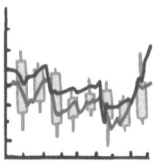

akcija

سهم

strādāt

يعمل

darbinieks

موظف

darba devējs

رب العمل

fabrika

مصنع

veikals

متجر

profesijas
المِهَن

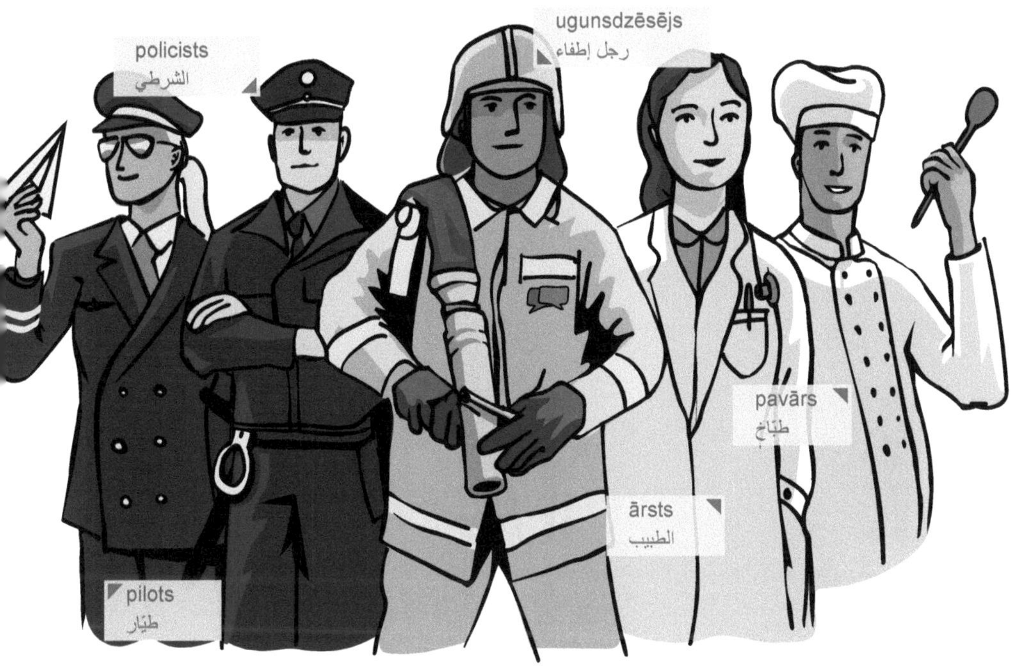

ugunsdzēsējs
رجل إطفاء
policists
الشرطي
pavārs
طبّاخ
ārsts
الطبيب
pilots
طيّار

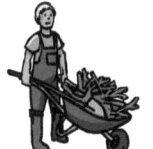

dārznieks
بستاني

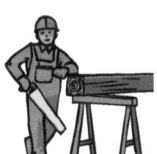

galdnieks
نجّار

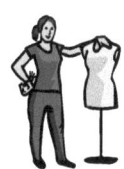

šuvēja
خيّاطة

tiesnesis
قاض

ķīmiķis
كيميائي

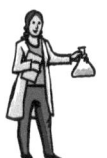

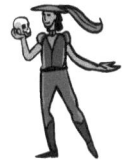

aktieris
ممثل

autobusa vadītājs

سائق حافلة

taksometra vadītājs

سائق تاكسي

zvejnieks

صياد سمك

apkopēja

أجيرة للتنظيف

jumiķis

بنّاء سقف

viesmīlis

نادل

mednieks

صيّاد

gleznotājs

رسّام

maiznieks

خبّاز

elektriķis

كهربائي

celtnieks

عامل بناء

inženieris

مهندس

miesnieks

لحّام

skārdnieks

سمكري

pastnieks

ساعي البريد

karavīrs

جندي

arhitekts

مهندس معماري

kasieris

أمين صندوق

florists

بائع الزهور

frizieris

حلاق

konduktors

مراقب القطار

mehāniķis

ميكانيكي

kapteinis

قبطان

zobārsts

طبيب أسنان

zinātnieks

رجل العلم

rabīns

حاخام

imāms

إمام

mūks

راهب

mācītājs

كاهن

instrumenti

عدة عمل

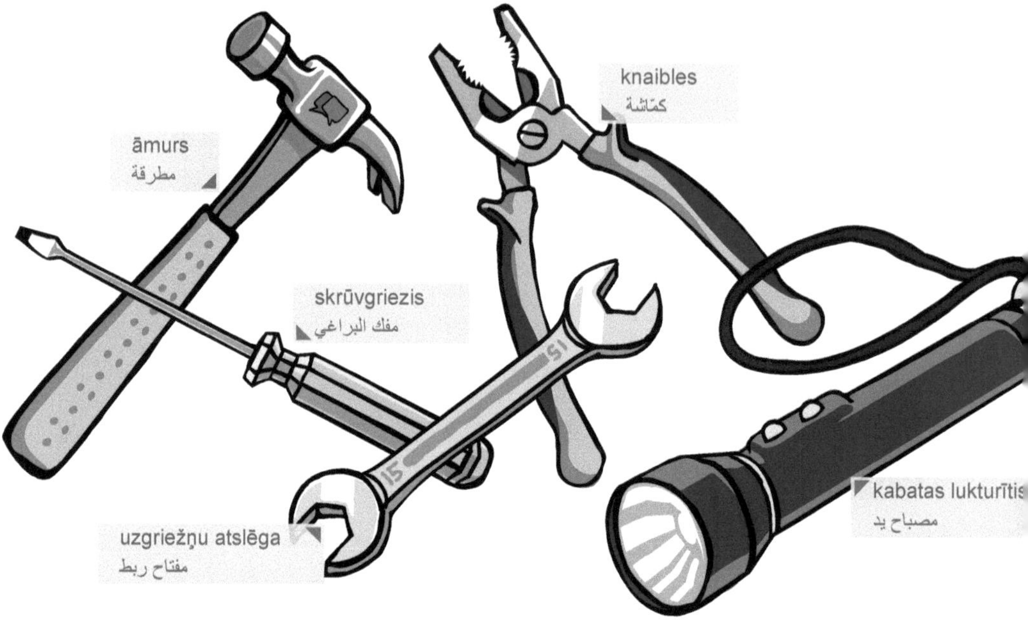
āmurs
مطرقة
knaibles
كماشة
skrūvgriezis
مفك البراغي
uzgriežņu atslēga
مفتاح ربط
kabatas lukturītis
مصباح يد

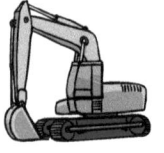

ekskavators

جرافة

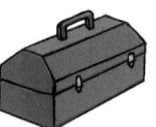

instrumentu kaste

صندوق العدة

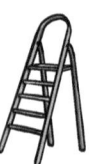

kāpnes

سلم

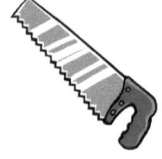

zāģis

منشار

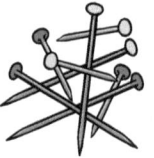

naglas

مسامير

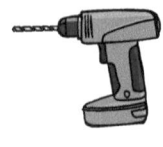

urbis

مثقب

remontēt

يصلح

lāpsta

مجرفة

Velns!

اللعنة

liekšķere

لقاطة الكناسة

krāsas bundža

سطل الألوان

skrūves

براغي

mūzikas instrumenti
آلات موسيقية

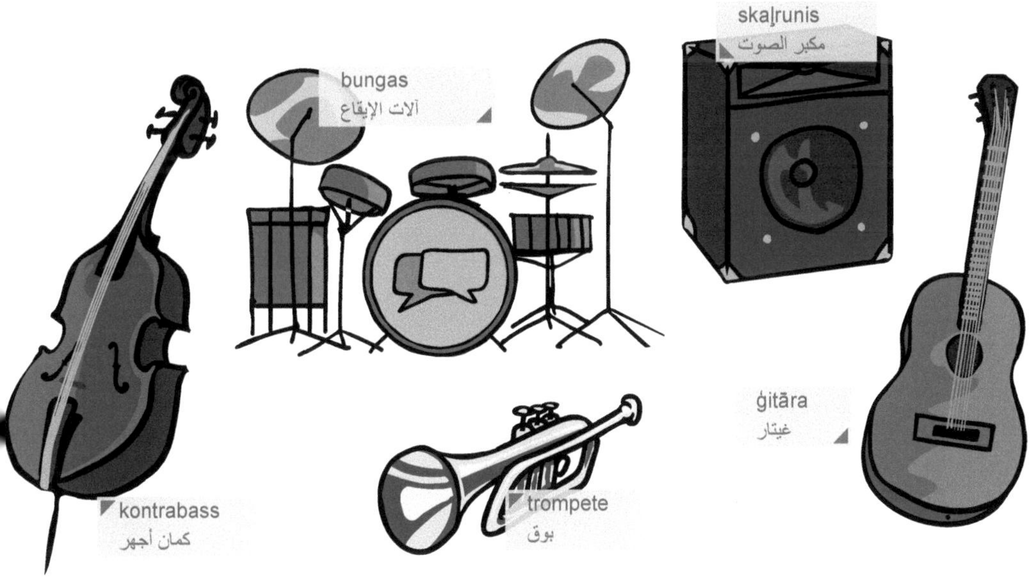

skaļrunis
مكبر الصوت

bungas
آلات الإيقاع

ģitāra
غيتار

kontrabass
كمان أجهر

trompete
بوق

klavieres

بيانو

vijole

كمنجة

bass

جهير

timpāni

طبل كبير

bungas

طبل

digitālās klavieres

بيانو كهربائي

saksofons

ساكسوفون

flauta

ناي

mikrofons

ميكروفون

zooloģiskais dārzs

حديقة حيوانات

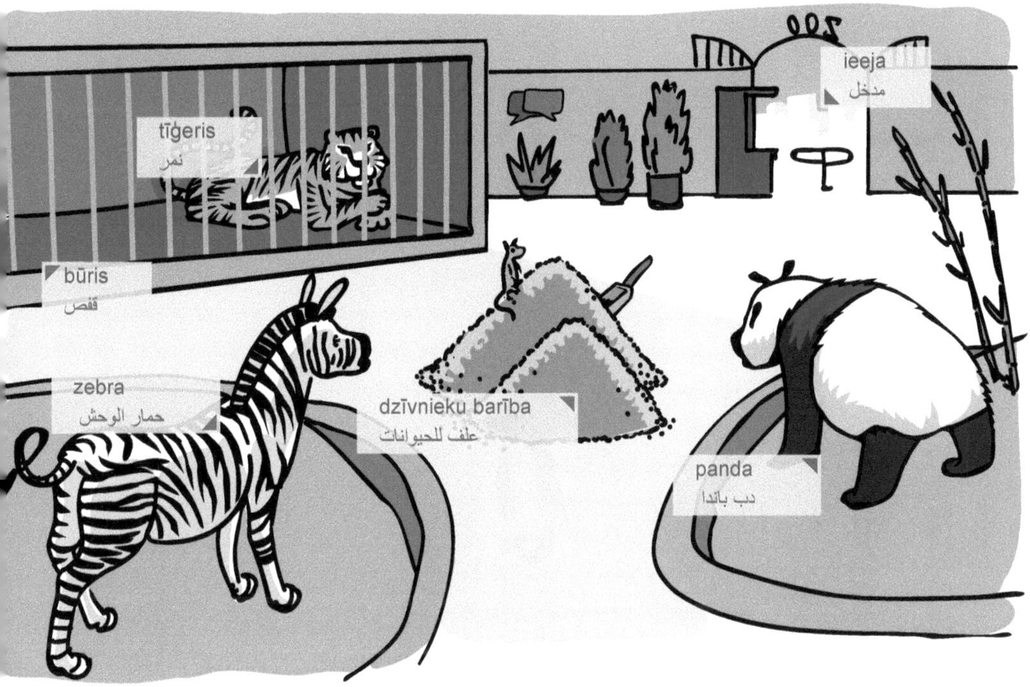
ieeja
مدخل
tīģeris
نمر
būris
قفص
zebra
حمار الوحش
dzīvnieku barība
علف للحيوانات
panda
دب باندا

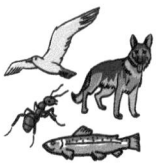

dzīvnieki
حيوانات

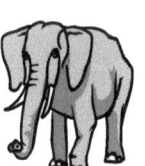

zilonis
فيل

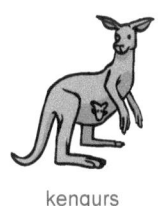

ķengurs
كنغر

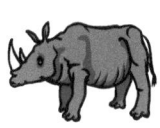

degunradzis
وحيد القرن

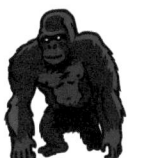

gorilla
غوريلا

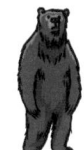

lācis
دب

kamielis

جمل

strauss

نعامة

lauva

أسد

pērtiķis

قرد

flamings

طائر فلامينغو

papagailis

ببغاء

polārlācis

دب قطبي

pingvīns

بطريق

haizivs

سمك القرش

pāvs

طاووس

čūska

أفعى

krokodils

تمساح

zoodārza sargs

حارس في حديقة الحيوان

ronis

عجل البحر

jaguārs

نمر أمريكي مرقط

ponijs

فرس قزم

leopards

نمر

nīlzirgs

فرس النهر

žirafe

زرافة

ērglis

نسر

meža cūka

خنزير برّي

zivs

سمك

bruņurupucis

سلحفاة

valzirgs

حيوان فظ البحري

lapsa

ثعلب

gazele

غزال

amerikāņu futbols
كرة القدم الأمريكية

riteņbraukšana
ركوب الدراجات

teniss
كرة التنس

basketbols
كرة السلة

peldēšana
السباحة

bokss
الملاكمة

hokejs
هوكي الجليد

futbols
كرة القدم

badmintons
الريشة الطائرة

vieglatlētika
ألعاب القوى الخفيفة

rokas bumba
كرة اليد

slēpošana
التزلج على الثلج

polo
بولو

smieties
يضحك

lēkt
يقفز

apskaut
يعانق

iet
يمشي

dziedāt
يغنّي

sapņot
يحلم

lūgt
يصلّي

skūpstīt
يقبّل

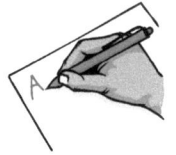

rakstīt

يكتب

zīmēt

يرسم

rādīt

يُري

spiest

يدفع

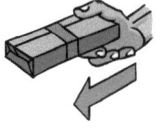

dot

يعطي

ņemt

يأخذ

būt

يملك

darīt

يعمل

būt

يوجد

stāvēt

يقف

skriet

يركض

vilkt

يسحب

mest

يرمي

krist

يقع

gulēt

يستلقي

gaidīt

ينتظر

nest

يحمل

sēdēt

يجلس

uzģērbt

يلبس

gulēt

ينام

pamosties

يستيقظ

skatīties

ينظر إلى ..

raudāt

يبكي

glāstīt

يمسّد

ķemmēt

يمشّط

runāt

يتكلم

saprast

يفهم

jautāt

يسأل

dzirdēt

يسمع

dzert

يشرب

ēst

يأكل

sakārtot

يرتب

mīlēt

يحب

vārīt

يطبخ

braukt

يقود

lidot

يطير

burot

يبحر بزورق شراعي

rēķināt

يحسب

lasīt

يقرأ

mācīties

يتعلم

strādāt

يعمل

precēties

يتزوج

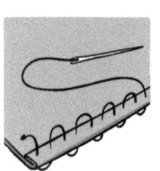

šūt

يخيط

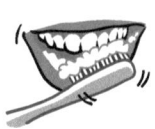

tīrīt zobus

ينظف أسنانه

nogalināt

يقتل

smēķēt

يدخّن

sūtīt

يرسل

ģimene
عائلة

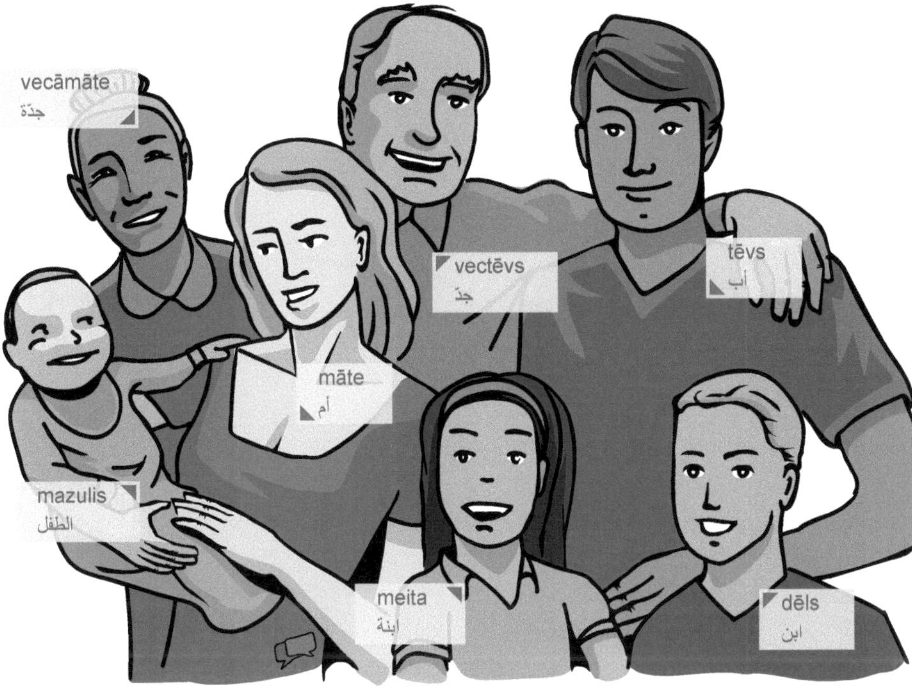
vecāmāte
جدّة
vectēvs
جدّ
tēvs
أب
māte
أم
mazulis
الطفل
meita
ابنة
dēls
ابن

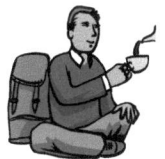

viesis
ضيف

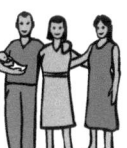

tante
عمّة / خالة

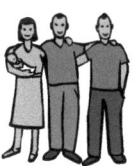

onkulis
عمّ / خال

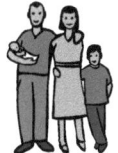

brālis
أخ

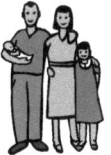

māsa
أخت

ķermenis

الجسم

piere
الجبين
acs
العين
plecs
الكتف
pirksts
الإصبع
seja
الوجه
zods
الذقن
roka
اليد
krūtis
الصدر
kāja
الساق
roka
الذراع

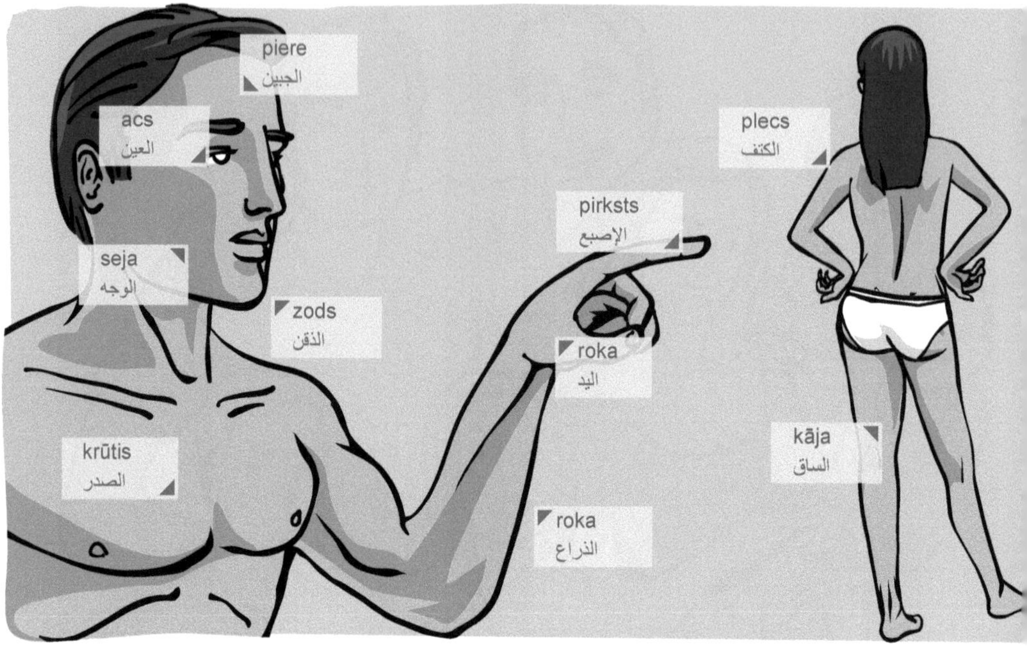

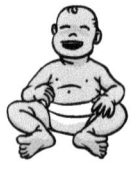

mazulis

الطفل

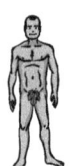

vīrietis

الرجل

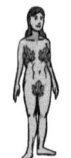

sieviete

المرأة

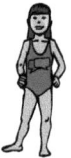

meitene

البنت

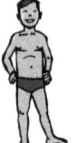

zēns

الولد

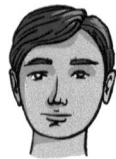

galva

الرأس

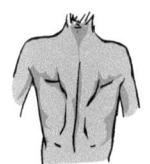

mugura

الظهر

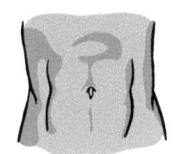

vēders

البطن

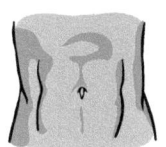

naba

السرَّة

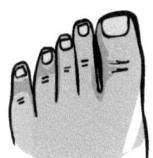

kājas pirksts

إصبع القدم

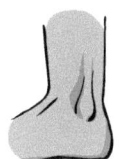

papēdis

الكعب

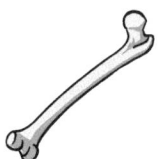

kauls

العظم

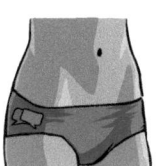

gurns

الورك

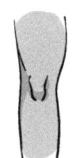

celis

الركبة

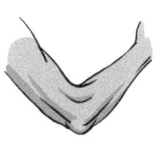

elkonis

المِرفق

deguns

الأنف

dibens

العَجُز

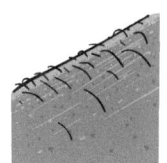

āda

البَشرة

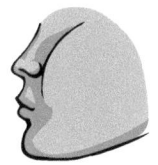

vaigs

الخد

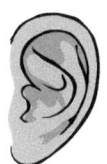

auss

الأذن

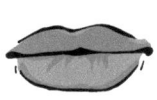

lūpa

الشفة

mute

القم

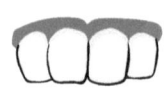

zobs

السن

mēle

اللسان

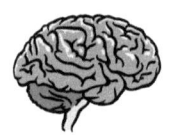

smadzenes

الدماغ

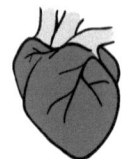

sirds

القلب

muskulis

العضلة

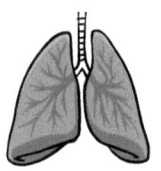

plaušas

الرئة

aknas

الكبد

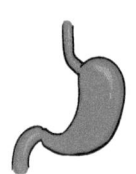

kuņģis

المعدة

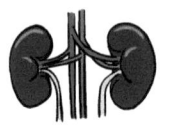

nieres

الكلى

dzimumakts

الاتصال الجنسي

kondoms

الواقي المطاطي

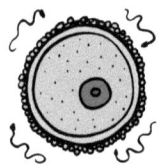

olšūna

البويضة

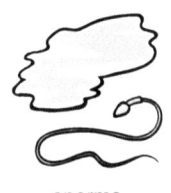

sperma

المنيَ

grūtniecība

الحمل

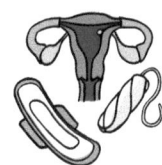

menstruācijas

الحيض

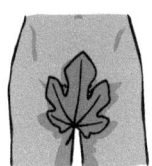

vagīna

المهبل

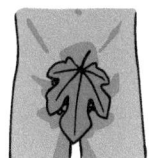

penis

القضيب

uzacs

الحاجب

mati

الشعر

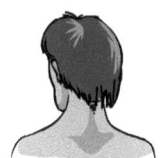

kakls

الرقبة

slimnīca
المستشفى

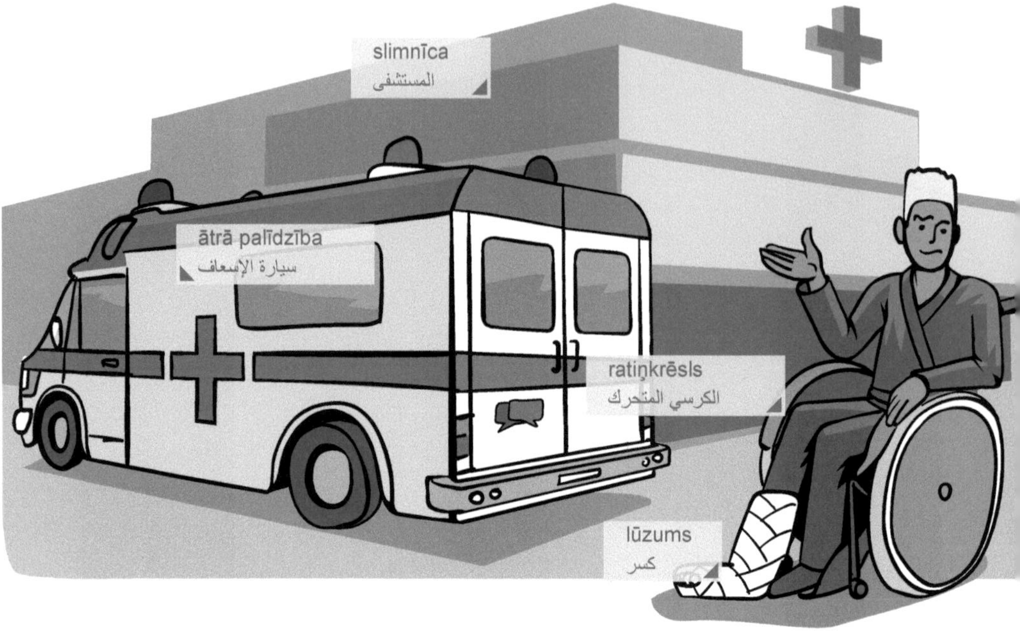

slimnīca
المستشفى
ātrā palīdzība
سيارة الإسعاف
ratiņkrēsls
الكرسي المتحرك
lūzums
كسر

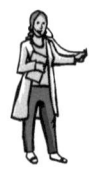

ārsts
الطبيب

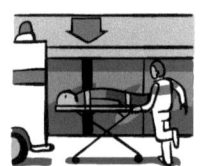

neatliekamās palīdzības nodaļa
غرفة الإسعاف

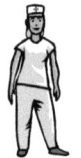

medmāsa
الممرضة

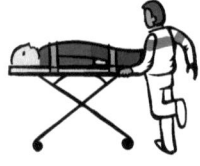

ārkārtas gadījums
حالة

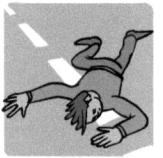

paģībis
مغمى عليه

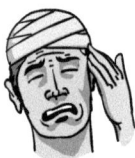

sāpes
الألم

ievainojums

إصابة

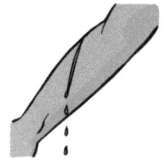

asiņošana

النزيف

sirdslēkme

احتشاء القلب

insults

جلطة

alerģija

حسسية

klepus

السعال

temperatūra

الحُمَّى

gripa

إنفلونزا

caureja

الإسهال

galvassāpes

وجع الرأس

vēzis

السرطان

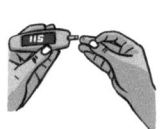

diabēts

مرض السكر

ķirurgs

جرّاح

skalpelis

مبضع

operācija

عملية

datortomogrāfija

سيتي سكان

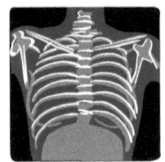

rentgents

الأشعة السينية

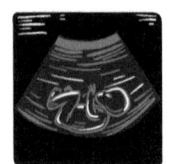

ultraskaņa

فوق الصوتي

sejas maska

القناع

slimība

المرض

uzgaidāmā telpa

غرفة الانتظار

kruķis

العُكاز

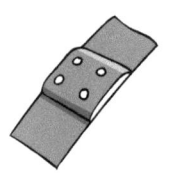

plāksteris

شريط لاصق

apsējs

ضماد

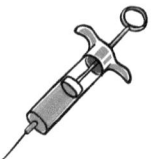

injekcija

حقنة

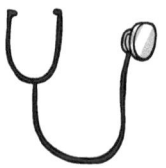

stetoskops

سمّاعة الطبيب

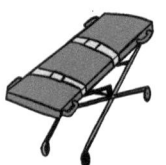

nestuves

نقالة

termometrs

ميزان حرارة

dzemdības

ولادة

liekais svars

وزن زائد

dzirdes aparāts

جهاز السمع

dezinfekcijas līdzeklis

المواد المعقمة

infekcija

عدوى

vīruss

فيروس

HIV / AIDS

الإيدز

zāles

الطب

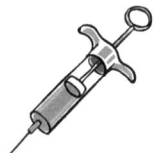

pote

اللقاح

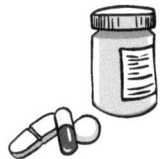

tabletes

أقراص الدواء

pretapaugļošanās tablete

حبّة الدواء

ārkārtas izsaukums

نداء النجدة

asinsspiediena mērītājs

مقياس ضغط الدم

slims / vesels

مريض / صحيح

Palīgā!

النجدة!

trauksme

إنذار

uzbrukums

اعتداء

uzbrukums

هجوم

bīstamība

خطر

avārijas izeja

مخرج طوارئ

Uguns!

حريق!

ugunsdzēšamais aparāts

جهاز الإطفاء

negadījums

حادث

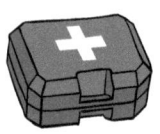

pirmās palīdzības aptieciņa

حقيبة الإسعاف الأولي

SOS

أنقذونا

policija

الشرطة

Eiropa

أوروبا

Ziemeļamerika

أمريكا الشمالية

Dienvidamerika

أمريكا الجنوبية

Āfrika

أفريقيا

Āzija

آسيا

Austrālija

أستراليا

Atlantijas okeāns

المحيط الأطلسي

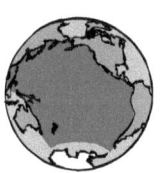

Klusais okeāns

المحيط الهادي

Indijas okeāns

المحيط الهندي

Dienvidu okeāns

المحيط المتجمد الجنوبي

Ziemeļu ledus okeāns

المحيط المتجمد الشمالي

Ziemeļpols

القطب الشمالي

Dienvidpols

القطب الجنوبي

Antarktika

منطقة القطب الجنوبي

zeme

أرض

zeme

بر

jūra

بحر

sala

جزيرة

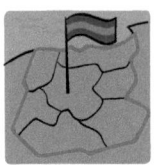

nācija

أمة

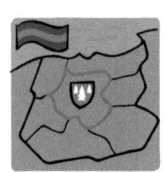

valsts

دولة

ciparnīca

ميناء الساعة

stundu rādītājs

عقرب الساعات

minūšu rādītājs

عقرب الدقائق

sekunžu rādītājs

عقرب الثواني

Cik ir pulkstenis?

كم الساعة الآن؟

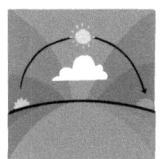

diena

يوم

laiks

زمن

tagad

الآن

digitālais pulkstenis

ساعة رقمية

minūte

دقيقة

stunda

ساعة

nedēļa

أسبوع

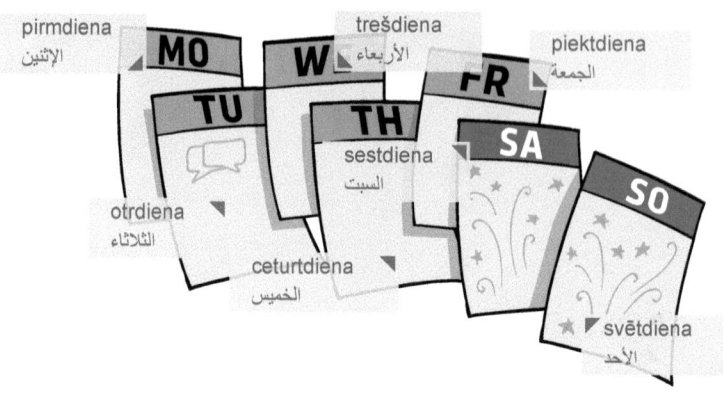

pirmdiena
الإثنين

trešdiena
الأربعاء

piektdiena
الجمعة

otrdiena
الثلاثاء

ceturtdiena
الخميس

sestdiena
السبت

svētdiena
الأحد

vakardien
الأمس

šodien
اليوم

rītdien
غداً

rīts
الصباح

pusdienlaiks
الظهر

vakars
المساء

darbadienas
أيام العمل

brīvdienas
نهاية الأسبوع

gads
سنة

lietus
مطر
varavīksne
قوس قزح
sniegs
ثلج
vējš
ريح
pavasaris
الربيع
rudens
الخريف
vasara
الصيف
ziema
الشتاء

4.APRIL 11°
5.APRIL 4°
6.APRIL 13°
7.APRIL 8°
8.APRIL 10°

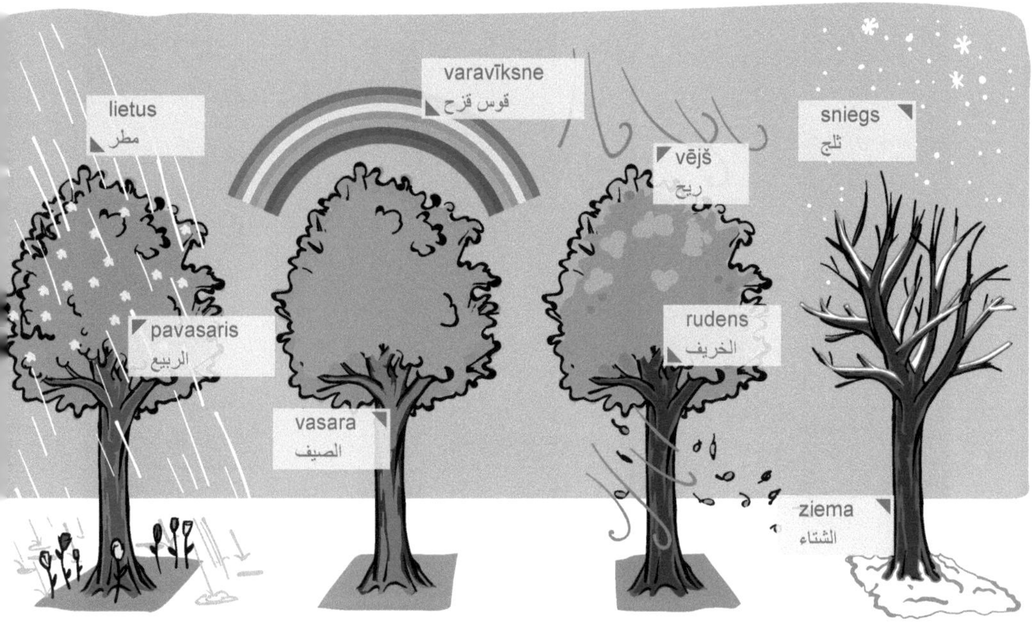

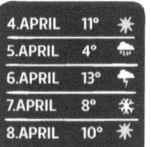

laika prognoze

التنبّؤ بالحالة الجوية

F C
120 40
90 30
60 20
30 10
0 0
-30 -10
-20

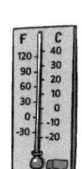

termometrs

مقياس حرارة

saules gaisma

ضوء الشمس

mākonis

سحابة

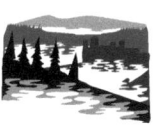

migla

ضباب

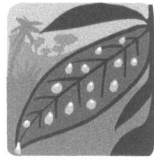

gaisa mitrums

رطوبة الجو

zibens

برق

pērkons

رعد

vētra

عاصفة

krusa

بَرَد

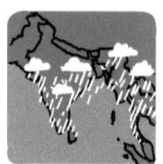

musons

ريح موسمية

plūdi

طوفان

ledus

جليد

janvāris

كانون الثاني / يناير

februāris

شباط / فبراير

marts

آذار / مارس

aprīlis

نيسان / أبريل

maijs

أيار / مايو

jūnijs

حزيران / يونيو

jūlijs

تموز / يوليو

augusts

آب / أغسطس

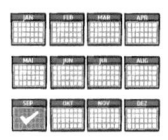

septembris
....
أيلول / سبتمبر

oktobris
....
تشرين الأول / أكتوبر

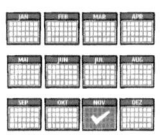

novembris
....
تشرين الثاني / نوفمبر

decembris
....
كانون الأول / ديسمبر

formas

أشكال

aplis
....
دائرة

kvadrāts
....
مربّع

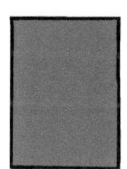

četrstūris
....
مستطيل

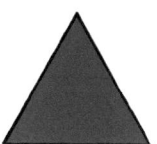

trīsstūris
....
مثلّث

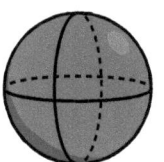

lode
....
كرة

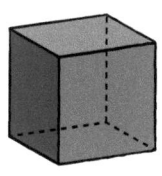

kubs
....
مكعب

balts

أبيض

dzeltens

أصفر

oranžs

برتقالي

sārts

وردي

sarkans

أحمر

lillā

بنفسجي

zils

أزرق

zaļš

أخضر

brūns

بني

pelēks

رمادي

melns

أسود

daudz / maz

كثير / قليل

saniknots / miermīlīgs

غضبان / هادئ

skaists / neglīts

جميل / قبيح

sākums / beigas

بداية / نهاية

liels / mazs

كبير / صغير

gaišs / tumšs

فاتح / قاتم

brālis / māsa

أخ / أخت

tīrs / netīrs

نظيف / وسخ

pilnīgs / nepilnīgs

كامل / ناقص

diena / nakts

نهار / ليل

miris / dzīvs

ميت / حيّ

plats / šaurs

عريض / ضيّق

baudāms / nebaudāms

صالح للأكل / غير صالح

nikns / laipns

شرّير / لطيف

satraukts / garlaikots

مثير / ممل

resns / tievs

سمين / نحيف

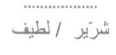

pirmais /pēdējais

أولاً / أخيراً

draugs / ienaidnieks

صديق / عدو

pilns / tukšs

مليء / فارغ

ciets / mīksts

صلب / ليّن

smags / viegls

ثقيل / خفيف

izsalkums / slāpes

جوع / عطش

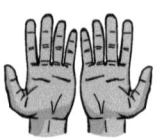

slims / vesels

مريض / صحيح

nelegāls / legāls

غير شرعي / شرعي

inteliģents / dumjš

ذكي / غبي

kreisais / labais

يسار / يمين

tuvu / tālu

قريب / بعيد

jauns / lietots

جديد / مستعمل

nekas / kaut kas

لا شيء / بعض الشيء

vecs / jauns

مسين / شاب

ieslēgts / izslēgts

يشعل / يطفئ

atvērts / slēgts

مفتوح / مغلق

kluss / skaļš

خافت / عالٍ

bagāts / nabags

غني / فقير

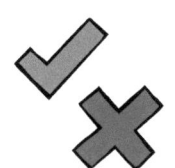

pareizi / nepareizi

صح / خطأ

raupjš / gluds

أحرش / أملس

noskumis / laimīgs

حزين / سعيد

īss / garš

قصير / طويل

lēns / ātrs

بطيء / سريع

slapjš / sauss

مبلول / جاف

silts / vēss

ساخن / بارد

karš / miers

حرب / سلم

0

nulle

صفر

1

viens

واحد

2

divi

الثنان

3

trīs

ثلاثة

4

četri

أربعة

5

pieci

خمسة

6

seši

ستة

7

septiņi

سبعة

8

astoņi

ثمانية

9

deviņi

تسعة

10

desmit

عشرة

11

vienpadsmit

أحد عشر

12
divpadsmit

اثنا عشر

13
trīspadsmit

ثلاثة عشر

14
četrpadsmit

أربعة عشر

15
piecpadsmit

خمسة عشر

16
sešpadsmit

ستة عشر

17
septiņpadsmit

سبعة عشر

18
astoņpadsmit

ثمانية عشر

19
deviņpadsmit

تسعة عشر

20
divdesmit

عشرون

100
simts

مائة

1.000
tūkstotis

ألف

1.000.000
miljons

مليون

Valodas

اللغات

anglu

الإنكليزية

amerikāņu anglu

الإنكليزية الأمريكية

ķīniešu mandarīnu valoda

لغة ماندارين الصينية

hindi

الهندية

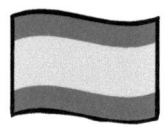

spāņu

الإسبانية

franču

الفرنسية

arābu

العربية

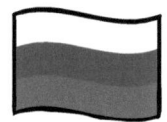

krievu

الروسية

portugāļu

البرتغالية

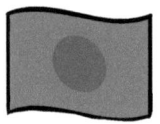

bengāļu

البنغالية

vācu

الألمانية

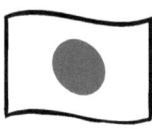

japāņu

اليابانية

es

أنا

tu

أنت

viņš / viņa

هو / هي

mēs

نحن

jūs

أنتم

viņi / viņas

هم

kas?

من؟

ko?

ماذا؟

kā?

كيف؟

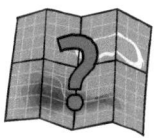

kur?

أين؟

kad?

متى؟

vārds

اسم

aiz

خلف

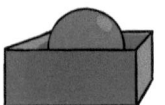

iekšā

في

priekšā

أمام

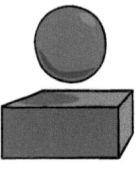

virs

فوق

uz

على

zem

تحت

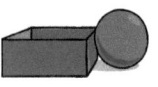

blakus

جنب

starp

بين

vieta

مكان